暢銷修訂版

超級情緒整理術

別被不良的情緒剝奪了快樂的能力

林文杰 編著

如何保持積極的正面情緒？

如何轉化消極的負面情緒？

我們的心態決定著我們的心情。

改變心情，掌控情緒，淡定看待成敗，冷靜調節憤怒。

前言 FOREWORD

　　每個人都有一套自我的生活方式，有的人生活得很快樂，有的人卻對生活非常失望，追根究底是心態情緒的問題。

　　對於情緒，我們可以有很多具體的詞語來描繪，例如將情緒描繪成愉快的和不愉快的、高興的和不高興的、滿意的和不滿意的、溫和的和強烈的、短暫的和持久的等等。人不可能永遠處在好情緒之中，生活中既然有挫折、有煩惱，就會有負面的情緒。一個心理成熟的人，不是沒有負面情緒，而是善於調節和控制自己的情緒。

　　「情緒」就像人的影子一樣，每天與人相隨，我們在日常的工作、學習和生活中，時時刻刻都體驗到它的存在，給我們的心理和生理上帶來的變化。事實上，情緒有兩種：消極的和積極的。我們的生活都會有情緒反應，它是我們對外面世界正常的心理反應，我們所必須做的只是不能讓我們成為情緒的奴隸，不能讓那些消極的心境左右我們的生活。

　　情緒像雙刃劍，它既可能成為我們的朋友，也可能成為我們的敵人。或者說它像一匹馬，如果不瞭解它的習性，它可能

會把你摔下；但如果你掌握了它的習性，它會帶著你跑得更快、更遠。

隨著社會的進步，競爭的激烈讓人們的壓力增大，如果當壓力超過了某種負荷能力的時候，就會讓人出現偏激情緒，這樣帶來的後果是很難想像的。從自己的經驗出發，我們每個人對情緒都有一些自己的看法，但是情緒實際上比我們想像的要複雜得多。如果我們在某種程度上能夠瞭解情緒對人產生的影響，並對情緒產生和發展的基本規律有一定的認識，這將不僅有利於我們的身心健康，而且對我們的學習和工作都十分有利。

如何掌控自己的情緒，這是個複雜的問題，我們必須瞭解情緒的產生以及相應的規律，然後學會去管理它和疏導它。本書詳盡闡述了情緒產生、變化等規律，教你怎樣摸清情緒的規律，告訴你怎樣才能更好地掌控自己的情緒，進而掌控自己的生活。

通過閱讀本書，我們會發現：瞭解情緒就能很好地管理情緒；適當發洩有助於自我調節；惱怒是一種毫無益處的心態；放棄固執才會走上變通之路；曾經擁有也是一種美；殘缺可以創造美麗；擺脫悲觀才能迎接陽光……。

目錄 CONTENTS

01 CHAPTER
認知瞭解，揭開情緒的密碼

- 情緒為何物 —— 012
- 瞭解情緒狀態 —— 014
- 情緒的產生與調控 —— 017
- 情緒有哪些作用 —— 021
- 善於做情緒管理 —— 024
- 情緒整理術 —— 028

02 CHAPTER
適當發洩，有助於自我調節

- 你是否需要發洩 —— 032
- 發洩是消除不快的有效手段 —— 035
- 認認真真地發洩一次是必要的 —— 039
- 選擇最適合你的發洩方法 —— 041
- 情緒整理術 —— 045

03 CHAPTER
學會冷靜，熄滅心中的怒火

- 惱怒是一種毫無益處的心態 —— 048

· 不要因一時衝動而失去理智 —— 051

· 第一時間告別不良情緒 —— 053

· 學會制怒 —— 055

· 情緒整理術 —— 059

04 CHAPTER 放棄固執，適時變通才會成功

· 放棄自身的固執偏見 —— 062

· 生活沒有固定的模式 —— 064

· 不能墨守成規 —— 067

· 跳出固定的框架人生 —— 069

· 情緒整理術 —— 073

05 CHAPTER 放下過去，曾經擁有是種美

· 不要總為昨天流淚 —— 076

· 別為打翻的牛奶哭泣 —— 079

· 撕掉過去的標籤 —— 083

· 放棄過去，擁有明天 —— 088

· 情緒整理術 —— 091

06 CHAPTER 欣賞殘缺，世上沒有十全十美

· 接受生活中的不完美 —— 094

· 勇敢去面對缺陷 —— 097

· 缺憾能幫助我們創造美 —— 099

· 情緒整理術 —— 103

07 CHAPTER

摒棄悲觀，找回自己的快樂主權

- 擺脫悲觀，迎接陽光 —— 106
- 培養樂觀的個性 —— 110
- 收回自己的快樂主權 —— 113
- 怎麼做才能擁有快樂 —— 117
- 情緒整理術 —— 122

08 CHAPTER

減輕壓力，放慢生活的腳步

- 壓力是什麼 —— 124
- 測試你的壓力源 —— 128
- 消除心理壓力 —— 130
- 化解各方面的壓力 —— 133
- 別讓小壓力聚積 —— 136
- 情緒整理術 —— 140

09 CHAPTER

分離焦慮，飛出囚禁自我的牢籠

- 焦慮是什麼 —— 142
- 如何面對焦慮 —— 144
- 衝破自我的心理障礙 —— 147
- 情緒整理術 —— 151

10 CHAPTER

看淡得失，失敗未必就是終點

- 淡看得失，做命運的朋友 —— 154

・寵辱不驚，淡然置之 ── 156

・坦然面對失敗，學會重新選擇 ── 160

・情緒整理術 ── 164

11 ^{CHAPTER} 遠離恐懼，發掘生活的真正意義

・恐懼是什麼 ── 166

・人為什麼會恐懼 ── 167

・有效應用精神上的自我暗示 ── 170

・消除恐懼抑鬱，走出陰影 ── 174

・情緒整理術 ── 178

12 ^{CHAPTER} 停止抱怨，世事不要怨天尤人

・我們不該怨天尤人 ── 180

・放棄抱怨和指責 ── 183

・學會平心靜氣地等待 ── 187

・情緒整理術 ── 190

13 ^{CHAPTER} 拓寬心胸，別太把自己當回事

・能容納別人的不同觀點 ── 192

・給別人的錯誤找個理由 ── 194

・把優越感讓給別人 ── 197

・要有接納別人的胸襟 ── 201

・情緒整理術 ── 204

14 CHAPTER
克服浮躁，讓心靈深處保存一份安靜

- 拒絕浮躁，擁有平常心 —— 206
- 處安勿躁，以靜制動 —— 211
- 別讓浮躁害了你 —— 216
- 認真地對待每一件小事 —— 219
- 情緒整理術 —— 224

15 CHAPTER
摒棄虛榮，不要成為金錢的奴隸

- 不為虛名所累 —— 226
- 控制無止境的慾望 —— 229
- 不要做金錢的奴隸 —— 233
- 保持淡泊名利的平常心 —— 237
- 情緒整理術 —— 242

16 CHAPTER
擺脫自負，從孤芳自賞中醒過來

- 不要以自我為中心 —— 244
- 居高位而不自傲 —— 248
- 放下架子，從基礎做起 —— 252
- 情緒整理術 —— 255

17 CHAPTER
及時糾錯，自責不如自我反省

- 正確地認識自己 —— 258
- 反思中扳正自己的人生軌跡 —— 261

- 生的價值在於思考和覺醒 —— 265
- 讓反省成為習慣 —— 267
- 情緒整理術 —— 272

18 CHAPTER
跳出自卑，用信心放飛自我
- 走出自卑的陷阱 —— 274
- 用補償心理超越自卑 —— 278
- 從自卑中站起來 —— 283
- 情緒整理術 —— 288

19 CHAPTER
打掃憂慮，切莫成為壓抑的犧牲品
- 瞭解憂慮症 —— 290
- 不要成為"憂慮"的犧牲品 —— 292
- 將憂鬱病毒排出體外 —— 296
- 情緒整理術 —— 302

20 CHAPTER
積極調理，學會自己掌控情緒
- 認識你的情緒 —— 304
- 凡事都往好處想 —— 309
- 學會控制情緒 —— 314
- 情緒整理術 —— 319

認知瞭解，
揭開情緒的密碼

情緒為何物

01 情緒的定義與特性

(1) 情緒是由刺激引發的。情緒不會無緣無故地就產生，一定有引發它產生的刺激源。

(2) 情緒是主觀的經驗。情緒的發生經常是個人認知判斷的結果，因此情緒的內在或外在反應，是會因人而異的，有著非常的個別性與主觀性。因此我們必須瞭解和尊重每個人不同的情緒感受。

(3) 情緒具有可變性。情緒並不是一成不變的，它會隨著身心的成長與發展、對情境的知覺能力，以及個人的經驗和應變行為而改變的。此外，引發情緒刺激與情緒的反應，同樣會隨之改變。

02 情緒的分類

情感是人腦對客觀世界存在的認知和評價感受，情緒是這些感受的外部表現，隨著客觀世界的複雜化以及多元性，人的感受也深化繁衍。情緒的分類法也會隨著時代不同而有所區別，早期的醫書《內經》將情緒分為五情，之後又演變為七情。近代西方學者認為人的基本情緒分四類，其他情緒是由這四類基本情緒交叉迭合而衍生的。

近代西方學者認為人的基本情緒分四類：喜、怒、哀、

懼。分述於下：

喜：當人們情緒高漲時表現出歡愉的行為，而情緒高漲因年齡、環境、知識、智慧不同，而表現出程度不一的歡愉行為。

怒：當人們情緒受到強烈的刺激時所表現出的暴躁行為，而情緒因刺激的強弱程度，反應在情感上也有所不同。

哀：當人們情緒受到沉重打擊時所表現出來的悲傷行為，而情緒因打擊的因素及程度差異，而表現出不同的行為。

懼：當人們情緒受到劇烈的恐嚇時，所表現出來的驚恐行為，而情緒因受恐嚇的輕重，而反應出不同的行為。

情緒與行為是人類心理活動的一個重要部分，沒有情緒的人，一切活動將是不可思議的。引起情緒的刺激可能來自於外部環境，如陽光、氣候、色彩、聲音、人、事物，以及各種意念；也可能因為現實世界中任何具體的情景刺激，成為情緒產生的觸發因素。但是人對周圍事物將採取何種態度、產生何種體驗，則視它們對人需要的滿足情況如何而決定。情緒具有主觀色彩，人們與各種事物的關係不一樣，所抱的態度也就不一樣。

03 良性情緒與劣性情緒

(1) 良性情緒與健康。良性情緒對於健康而言，無疑是個積極的反應，有益於健康。如果人們能經常保持樂觀的情緒，人的免疫機制便能夠活躍旺盛，而且會減少

感染疾病的機會，達到「精神免疫」。因此積極的情緒有增進健康、延緩衰老過程的作用。

(2) 劣性情緒與疾病。劣性情緒對人的健康影響非常大，它會使人的免疫機能低下，容易罹病，使人早衰、短壽。所以有害的劣性情緒是人們的大敵。

瞭解情緒狀態

古代把人的情緒分為喜、怒、哀、樂、愛、惡、懼七種基本形式。現代心理學把這些情緒分成快樂、憤怒、悲哀、恐懼四種基本形式。根據這些情緒發生的強弱程度和持續時間長短，又將人的情緒分為心境、激情、應激等幾種情緒狀態。

01 心境

心境是一種比較微弱但持久的情緒狀態。它具有瀰漫性的特點，往往影響人的整個精神狀態，並且在一段時間內，使周圍的事物都染上同樣的情緒色彩。例如喜悅的心情往往會使人感到心情舒暢，萬事如意，辦任何事情都順利。而悲傷的心情則會使人感到凡事都枯燥乏味，悲涼憂傷。所謂「憂者見之則憂，喜者見之則喜」，就是指人的心境。

一般來說，心境持續時間較長，從幾小時到幾週、幾個月

或者更長時間，主要是取決於心境的各種刺激特點與每個人的個性差異。例如親人去世，往往會讓人處於較長時間的鬱悶心境。個性差異對這種心境，也會帶來不同的影響。抑鬱質的人會助長這種鬱悶心境，而膽汁質的人可能會縮短或減緩這種心境。

引起心境的原因是多方面的，例如工作的失敗、人際關係變化、生活起伏、個人健康以及自然環境的變化、對過去生活的回憶等。心境對人的工作、生活、學習以及健康，都有很大影響。積極良好的心境會讓人振奮、提高效率、有益於健康。而消極不良的心境會讓人頹喪、降低活動效率、有損健康。

02 激情

激情是一種迅速強烈地爆發，但時間短暫的情緒狀態，如狂喜、絕望、暴怒等。在激情爆發的同時，常常也會伴有明顯的外部表現，如面紅耳赤、咬牙切齒、頓足捶胸、拍案叫罵等。有時候甚至會出現痙攣性的動作或者語言混亂。激情發生的主要要因是由生活中具有重要意義的事件引起的。此外，過度的抑制和興奮，或者相互對立的意向或願望衝突，也很容易引起激情狀態。激情有積極和消極之分，積極的激情合成為激發人正確行動的巨大動力；而消極的激情常常對機體活動具有抑制性作用，或者引起過分的衝動，做出不適當的行為。

03 應激

應激是指在出乎意料的情況下引起的情緒狀態。例如人們遇到突然發生的火災、水災、地震等自然災害的時候，剎那間，人的身心都會處於高度緊張的狀態之中，此時的情緒體驗便是應激狀態。

在應激狀態中，要求人們迅速判斷情況，瞬間做出選擇，同時還會引起機體一系列明顯的生理變化。比如心跳、血壓、呼吸、腺體活動以及緊張度等，都會發生明顯的變化。適當的應激狀態使人處於警覺狀態，並通過神經內分泌系統的管理，使內臟器官、肌肉、骨骼系統的生理、生化過程加強，並促使機體能量釋放，提高活動效能。而過度或者長期地處於應激狀態之中，會過多地消耗掉身體中的能量，以致引起疾病和導致死亡。

人在應激狀態時，一般會出現兩種不同表現：一種是情急生智，沉著鎮定；另一種是手足無措，呆若木雞。有些人甚至會發生臨時性休克等症狀。在應激狀態下，人們會出現何種行為反應，是與每個人的個性特徵、知識經驗以及意志品質等特性密切相關的。

情緒的產生與調控

情緒是人們對客觀事物所持態度，而產生的一切主觀體驗，伴隨著一定的生理變化和面部表情，有時短暫，有時很持久，能影響人的整個精神活動。有的人認為，情緒可以從「愉快↑↓不愉快」、「輕鬆↑↓緊張」、「平靜↑↓激動」這三個相對的方面描述。

情緒的產生是因為個體受到某種刺激以後，所產生的身心激動狀態。這種刺激可能來自生活中遇到的各種人、事，如故友重逢，仇人相見；考試試卷，繳費帳單；嘈雜鬧市，鮮花廣場等。外界任何事件都會引發我們喜怒哀樂各種情緒體驗。情緒的產生還和某些心理活動，如回憶、想像、聯想，或者一些生理性刺激有關係。所以情緒是個體的深刻體驗，我們能感受到它，但卻常常不能自如地控制它。

刺激是情緒產生的客觀原因；個人需求能否獲得滿足，決定情緒的性質和內容；主觀認知是影響情緒的內在原因，瞭解自己的情緒產生，就能幫助進一步辨認自己的情緒。

人在發生情緒變化時，相應也會產生一系列的生理變化，比如：

發怒時：呼吸急促、心跳加快、血壓升高、血糖增多；

哭泣時：眼部肌肉會發生收縮；

悲哀時：眼和嘴角下垂；

困窘或羞愧時：面紅耳赤。

一個人如果長期處於應激、焦慮、緊張、憤怒等不良情緒中，很容易引發高血壓、冠心病、消化道潰瘍、糖尿病等疾病，嚴重者還可能發展成為神經症、精神病等心理疾病。

《紅樓夢》中的林黛玉，因為遭受丫環惡語，感覺自己春光不再而失落，感懷傷世，看到落花，就頓生憐憫，特吟詩葬花。

清道光十九年（一八三九年），龔自珍結束了甚不得志的六品官生涯，決定回鄉。寫下七絕詩：

《己亥雜詩》

浩蕩離愁白日斜，

吟鞭東指即天涯，

落紅不是無情物，

化作春泥更護花。

回首前塵，滿腔經世治國之抱腹無從施展，更因其思想先進被視為異類而遭排擠，吟鞭東指，就要離開清王朝的權力核心──北京，再也不會來了。然而，龔自珍卻不因此消沉失志，他自比是官場中飄零的落花，卻仍有著熱情，願意化作春泥，回到故鄉為培養下一代而努力！

古來辭官出京者，自怨自唉，噤若寒蟬，悲兮失志者多矣！縱使是大江東去的蘇東坡先生，也不過是心情比較豁達而已！如龔自珍這樣熱情，從政治投身到教育換跑道者，誠不多

見。

對客觀事物認識得越深刻，人的情緒就越能反應出積極向上的精神狀態。所以我們要儘量調控好自己的情緒。

情緒就像一塊編織的彩毯，全看自己喜歡多用哪種色彩。如果你偏愛用灰黑色的毛線，織出的毯子就會黯淡無光；如果你只用白色，毯子就會變成一片單調的空白；如果你善於使用各種顏色自然地交織，那就會織成色彩繽紛的彩毯。同樣道理，你若容許自己自然流露各種情緒，既不壓制和埋葬情緒，也不會將自己淹沒在情緒的低潮中，你的人生將必定像一塊彩毯，生動繽紛，活得很有色彩。

情緒好像化學作用。在人與人的交往中，不同的情緒交織在一起，會產生不同的關係。如果彼此交往中充滿仇恨、嫉妒、自私、傲慢等情緒，這種關係會令人不寒而慄、退避三舍。反之，如果人際關係中多一些愛，多一點寬容和體諒，那麼交往的群體會迸發出無比的感染力。

可見，在我們的生命中，情緒總是伴隨於左右。如果能恰當地處理，就可以為我們的生命添加色彩，成為生活中的享受。反之，情緒就有可能會成為我們的負擔，侵蝕我們的生命。

然而，恰當地處理情緒，並不意味著你要時時刻刻都讓自己快樂。實際上，那些負面的情緒，恰恰是為我們成長提供了契機。為了成長，我們必須要經歷一個逐漸反省情緒的過程。有了成熟的反省，才能經得起情緒的衝擊，才能不做情緒的奴

隸。

當你產生負面情緒的時候，不妨找一個獨處的環境，「聆聽」自己的情緒，深入體會自己正經歷的感受是什麼：是內疚？怨恨？驚訝？害怕？還是哀傷？人的情緒並不是單一產生的，常常是幾種情緒混雜在一起而產生。這時，你要仔細分辨一下：究竟哪種情緒是你目前最主要的，並留意自己此時的身體反應，然後你需要與情緒「對話」。

情緒的調控對人的身心健康有著非常重要的意義，各種情緒的產生都與認知有著密切的聯繫，我們要善於管理自己的情緒，主要有以下幾種：

(1) 保持良好的心境；

(2) 抒洩情緒；

(3) 提高修養境界；

(4) 微笑著面對生活；

(5) 從平凡的生活中尋找快樂；

(6) 善於忘記；

(7) 別太在乎別人的評價；

(8) 順應情緒的自然發展規律；

(9) 採用放鬆方式。

我們的認知既可以成為不良情緒產生的助燃劑，也能充當不良情緒的滅火器。情緒是認識和洞察人們內心世界的重要尺度之一，標誌著個性成熟的程度。一個具有良好修養的人，懂得如何控制和管理情緒的意義，能夠自覺而有效地控制和調解

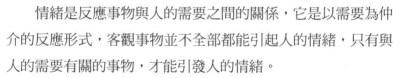

自己的情緒。相反，一個不懂得管理和控制情緒的人，不滿意就鬧情緒，成功時就得意忘形，挫折時就一蹶不振，傷心時就大哭大嚎，顯然是一個缺乏良好修養的人。

情緒有哪些作用

情緒是反應事物與人的需要之間的關係，它是以需要為仲介的反應形式，客觀事物並不全部都能引起人的情緒，只有與人的需要有關的事物，才能引發人的情緒。

人在認識世界和改造世界時，並不是無動於衷的，人們對周圍的事物，他人和自己的行為，常常抱著不同態度，一些現象使人愉快，另一些現象使人悲哀，某些現象使人憤怒，而另一些現象會使人恐懼。

愉快、憤怒、恐懼和悲哀，都是常見的情緒體驗。這些情緒是人對客觀現實的反應，產生的根源在於客觀現實的本身，人沒有無緣無故的愛，也沒有無緣無故的恨。一般來說，凡滿足人的需要時，會引起肯定的情緒體驗，如愉快、高興等；凡不能滿足人的需要時，則引起否定的情緒，如憤怒、恐懼等。

總之，情緒是人對客觀事物的態度的體驗，離開了體驗就談不上情緒。我們在日常生活中有這樣的體會，心情好時，做什麼事都得心應手；反之，心情糟時，做什麼事都不順利。這

就是情緒的作用，我們要做情緒的主人，讓快樂成為我們生活、工作中的主旋律。情緒已成為我們生存的工具、行為的力量、監測的系統、交流的手段等。因此情緒具有以下主要作用：

促進社會親和力：情緒是嬰兒在掌握語言之前適應生存的重要心理工具，嬰兒正是通過情緒與成人交往，表達自己的各種需要和要求的。他們餓時、渴時就哭，吃飽了、舒服了就會笑。在日常生活中人們用微笑向對方表示友好，通過移情和同情來維護人際關係，情緒起著促進社會親和力的作用。而恐懼情緒則使人迴避危險，保證自身安全。可見，情緒可以使我們更好地適應環境。

行為的力量：情緒的動機作用，不僅體現為對生理需要的放大，而且它在人類高級的目的行為和意志行為中，也發揮著重要影響。興趣、好奇會促使人們去探索複雜的現象，即使屢遭失敗也能頑強堅持，希望能夠成功。

一種催化劑：情緒是人腦內的一個監測系統，對其他的心理活動具有重要影響。這種影響體現為促進和瓦解兩方面。一般來說，積極情緒對活動起協調、組織的作用，消極情緒則起破壞、瓦解或阻斷的作用。人們的行為常被當時的情緒所左右。當人處在積極樂觀的情緒狀態，則傾向於注意事物美好的一面，對人態度和善，樂於助人，並勇於承擔重任；而當人消極的情緒狀態，則使人產生悲觀意識，失去希望與追求，更易產生攻擊性行為。

　　交流的手段：人類在沒有獲得語言之前，正是通過情緒資訊的傳遞，而協調彼此之間的關係求得生存的。情緒是一種獨特的非語言溝通，人們的內在心理都可以通過身體姿勢、面部表情、語言語調等方式表現出來，這為人們相互瞭解、相互溝通和相互學習，提供了便利和可能。如果你是一個快樂的人，那麼你就會時常表現出積極、愉悅的情緒，而且你愉悅的心態能夠迅速地傳遞給你周圍的人。首先，會優先傳遞給你的親人、朋友，這樣你將以自己的良好情緒感染和影響你周圍的親人和朋友；進而你周圍的人們就會與你一起創造一種更加和諧愉快的氛圍，你將會與親人和朋友共用你的情緒，帶給他們的快樂；如果你是一個悲觀的人，你就可能經常悲悲切切、哀哀怨怨，你的不良情緒，同樣會使你身邊敏感的親人和朋友感受和體驗到，他們可能會為你擔憂，也可能會前來幫助你。當然更直接的是你與周圍的親人，一起創造了一種消極悲觀的氛圍，你們就會沉浸在這種情緒氛圍之中，深受影響。

　　保持身體健康水準：情緒是人們追求美好生活的動機之源，是人動機系統的重要心理因素。情緒活動有時能夠啟動人體的生理功能，如心跳加快、肺活量增加、血液能夠更迅速地運送到週身。應激情況下，腎上腺分泌增多，全身營養運送更有效率，能夠幫助人們進入最佳的機體活動狀態。「情緒的力量是巨大的」，這種力量可以從兩個方面來發揮作用：一是負面情緒的消極破壞作用；二是正面情緒的積極動力作用。適宜的情緒活動還能夠提高人們的免疫力，增強人們對疾病的抵抗

能力，保持身體健康。積極情緒能夠激發人的活力，提高人們的工作效率，能夠使人的情緒維持在最佳的活動狀態，推動人們實現工作目標。

善於做情緒管理

情緒管理就是善於掌握自我，善於調製管理情緒，對生活中矛盾和事件引起的反應，能適可而止地排解，能以樂觀的態度、幽默的情趣，及時地緩解緊張的心理狀態。我們可以從以下幾點進行管理：

第一，體察自己的情緒，多角度關注。

時時提醒自己注意：我現在的情緒是什麼？例如當你因為朋友約會遲到而對他冷言冷語，問問自己：我為什麼要這麼做？我現在有什麼感覺？如果你察覺你已對朋友三番兩次的遲到感到生氣，你就可以對自己的生氣做更好的處理。有許多人認為人不應該有情緒，所以不肯承認自己有負面的情緒，要知道，人一定會有情緒的，壓抑情緒反而帶來更不好的結果，學著體察自己的情緒，但同時也要多角度關注。

對於情緒管理，人們很容易想到對負面情緒的管理，如憤怒時需要克制，悲傷時需要調整等。其實正面情緒在某些情況下也需要管理。例如學生在學校裏取得了好成績時，不能表現

得過分的高興，否則會影響其他同學的情緒，且有可能導致自滿。

總之，情緒管理的第一步，就是管理情緒體驗和行為，使之處在適度的水準。

第二，適當表達自己的情緒，多方面入手。

以朋友約會遲到的例子來看，你之所以生氣，可能是因為他讓你擔心，在這種情況下，你可以婉轉地告訴他：「你過了約定的時間還沒到，我好擔心你在路上發生意外。」試著把「我好擔心」的感覺傳達給他，讓他瞭解他的遲到會帶給你什麼感受。什麼是不適當的表達呢？例如你指責他：「每次約會都遲到，你為什麼都不考慮我的感受？」當你指責對方時，也會引起他負面的情緒，他會變成一隻刺蝟，忙著防禦外來的攻擊，沒有辦法站在你的立場為你著想，他的反應可能是：「路上塞車嘛！有什麼辦法，你以為我不想準時嗎？」如此一來，兩人開始吵架，哪還有什麼愉快的約會。如何適當表達情緒是一門藝術，需要用心體會、揣摩，更重要的是要從多方面入手。

情緒管理有很多類型，從來源而言，可分為內、外部管理。內部管理可以通過個體自我暗示、深呼吸、體育運動等進行生理、心理、行為管理。外部管理可與朋友談心進行人際管理，還可以通過爬山、游泳等活動進行自然管理。根據管理情緒水準的變化，可分修正、維持和增強管理等。這種管理在臨床中常常採用。

根據管理發生的階段，可分為原因和反應管理。原因管理是針對引起情緒的原因或起源，進行加工和調整，包括對情境的選擇、修改、注意的調整，認識的改變等策略。反應管理發生於情緒啟動或誘發之後，是個體對已經發生的情緒在生理反應、主觀體驗和表情行為等三方面，通過增強減少、延長、縮短等策略進行調整。

第三，以合宜的方式紓解情緒，全方位運作。

紓解情緒的方法很多，有些人會痛哭一場，有些人找三五好友訴苦一番，另一些人會逛街、聽音樂、散步，或逼自己做別的事情，以免老想起不愉快，比較糟糕的方式是喝酒、飆車，甚至自殺。要提醒各位的是，紓解情緒的目的在於給自己一個理清想法的機會，讓自己好過一點，也讓自己更有能量去面對未來。如果紓解情緒的方式只是暫時逃避痛苦，爾後需承受更多的痛苦，這便不是一個合宜的方式。

有了不舒服的感覺，要勇敢地面對，仔細想想，為什麼這麼難過、生氣？我可以怎麼做，將來才不會再重蹈覆轍？怎麼做可以降低我的不愉快？這麼做會不會帶來更大的傷害？根據這幾個角度，去選擇適合自己且能有效紓解情緒的方式，你就能夠控制情緒，而不是讓情緒來控制你！此時，我們就要全方位運作。

從情緒管理的內容看，包括生理的管理、情感體驗的管理、表情動作的管理等，典型的生理反應有心率的變化、血壓、瞳孔、神經、內分泌的變化等。這些都是常用的情緒生理

指標，情緒體驗管理是情緒管理的重要方面。整個過程的啟動，往往與情緒體驗的強度聯繫在一起。

薩爾利發現，傷感時人們會採取迴避的策略，悲傷時採取尋求幫助，憤怒時採取問題解決的策略。行為管理是個體通過控制和改變自己的表情和行為，而實現對情緒的管理。

在日常生活中，人們主要用兩種管理方式。一是抑制和掩蓋不適當的，或不易被他人接受的情緒；二是表情的控制，是為了呈現適當的交流信號。

只要管理好自己的情緒，掌握好自己的命運，你就會每天充滿幸福和歡樂，就能成為世界上最偉大的成功人士！

情緒整理術

❶ 通過一些陶冶性情的藝術類興趣愛好，就是琴棋書畫之類的，唱歌也行。很多藝術類的活動都能給人發洩感情的空間，不在乎做的多好，關鍵是既有興趣，又能抒發情感。

❷ 身體鍛鍊方面的活動，比如健身、打球、舞蹈，深層放鬆、做按摩。想像著壞情緒像球一樣被打出去，或者隨著汗水揮灑出去，會給人一種痛快的感覺。

❸ 身邊一定要有三、兩個知心人，當你心情不好時，隨時都能打電話，或當面向他們分享自己的煩惱。（一般的心理咨詢中，輔導員也會讓當事人把幾個名字列出來，並討論當時人對名單中親友的信任度。）所謂「分享的快樂是加倍的快樂，分擔的痛苦是減半的痛苦」。

❹ 通過寫日記來理清思緒。一個必然規律是寫在紙上的越多，積壓在心裏的越少，並且在寫日記的過程中，人可以自己對過去發生的事總結經驗，並更加客觀地對待。有時候在輔導過程中，心理學家還會讓當事人總結出一些警句和座右銘，在關鍵的時候能夠自我激勵。

❺ 給自己創造一個愉快的生活環境，比如聽音樂、薰香、還有柔和的燈光等，或者將自己置身於一個令人心曠神怡的自然環境中，從生理上來紓緩緊張的神經。

適當發洩，
有助於自我調節

你是否需要發洩

人在日常生活中會碰上各種各樣的不順，而且有些不順是根本避免不了的，心裏越不舒服就越需要及時地發洩。美國的心理學者湯瑪斯博士，專門研究不良情緒給人的肉體、精神帶來的影響和侵害。他把各種事件造成的心理影響標上度數（分數）。根據他的研究結果，一年之中人的「心理度數」在三百分之內尚可容許，如果超過了「危機線」三百分，則有非常大的可能性會引起心臟麻痺或精神崩潰等嚴重的身心疾病。這裏請你把最近十二個月中自己所產生的「心理度數」計算一下，然後判斷一下此時的你是否需要發洩一下了。如果需要的話，也許你就該好好讀讀本書後面的部分了。

(1) 喪偶→一百

(2) 離婚→七十三

(3) 分居→六十五

(4) 入獄、受拘禁→六十三

(5) 近親死亡→六十三

(6) 重傷重病→五十三

(7) 結婚→五十

(8) 解雇、失業→四十七

(9) 婚姻復和→四十五

⑽ 退休→四十五

⑾ 身體健康突變或家人行為突變→四十四

⑿ 懷孕→四十

⒀ 性行為有障礙→三十九

⒁ 家裏增加一位成員（包括嬰兒、領養、親人進入常住）→三十九

⒂ 創業、開業、改行或破產→三十九

⒃ 財務經濟情形突變（突然大量減少或大量增加）→三十八

⒄ 好友死亡→三十七

⒅ 轉行→三十六

⒆ 與配偶吵架，口角次數突然改變（因生活習慣或教育兒女）→三十五

⒇ 房屋貸款或大數目的貸款債務→三十一

(21) 房屋被人查封收回→三十

(22) 工作或職務責任突然改變（升級、調離或降級）→二十九

(23) 兒女離家（結婚、上大學等）→二十九

(24) 與婚親家人爭吵嫌隙→二十九

(25) 取得一定成就（受獎）→二十八

(26) 配偶突然有工作或失業→二十六

(27) 正式上課或休課（退學）→二十六

(28) 生活方式的突變（遷居、建設或社區的沒落或突變）

→二十五

(29) 生活習慣的改變（衣著、交通工具、參加社團）→二十四

(30) 與老闆或主管發生衝突→二十三

(31) 工作時間改變或工作狀況的改變→二十

(32) 搬家→二十

(33) 搬遷學校→二十

(34) 娛樂興趣或項目的改變→二十

(35) 教會活動的改變→十九

(36) 社交生活方式的改變↓十八

(37) 小數目貸款（幾萬元左右）→十七

(38) 睡眠習慣的改變（多睡、少睡、時間變更）→十六

(39) 家人團聚次數改變→十五

(40) 進餐習慣的更改（多吃、少吃、不按時吃飯）→十五

(41) 假期旅遊→十三

(42) 過聖誕→十二

(43) 犯法（小過錯、被交警沒收駕照等）→十一

若一年內集分總合在一百五十～二百九十九之間者，有百分之五十的可能性容易患病（包括生理心理或精神病）。

若一年內集分總合超過三百者，有百分之八十的可能性容易患病。

發洩是消除不快的有效手段

　　從心理健康角度而言，發洩是消除心中不快的極為有效的手段。發洩可以減輕精神疲勞，使你變得輕鬆愉快，有利於精力充沛地投入到今後的工作之中去。所以請不要將各種不快「存放」在心中。若不將它發洩出去，它會越積越多，到時來個總爆發，那就麻煩了。

　　一個某著名大學的女研究生小玉喝硫酸自殺了，這讓同學們非常吃驚。小玉是化學系的研究生、學生會幹部。自殺的原因說來讓人難以相信，她和戀人小雄因為一場電影發生了口角，彼此打了一巴掌，只因為這樣，她便冷冷地丟下一句：「我去死。」

　　小雄沒在意，他沒想到她真的會去死，於是沒去管她，老師同學更沒料到。平時小玉學習認真，待人熱情，很開朗、很上進，自薦當學生會幹部，很要強。然而又有誰知道，她那活潑的外表下，掩藏著一顆脆弱的心。兩年來，小玉的日記中一直有死的陰影。考上研究生並沒有給她帶來幸福感，倒是加劇了她的憂慮和不安。社會上不斷出現的「博士」、「碩士」就業不順遂的現象，使研究生貶值了，對於女人更是如此。她又感到不安全，總是擔憂著失去什麼。只有在母親身邊才覺得安全可靠。可是前兩年母親去世了，小玉悲痛欲絕，在日記中寫到：「恨不能隨了母親去。」長期處於這種消極情緒中的小

玉，始終得不到發洩，於是一次小小的口角之後，便發生了這樣一場悲劇。

由此，我們應該看到發洩的重要性。發洩心中久已積壓的不快，猶如傾倒自己內心的垃圾，以免這些垃圾產生的毒素帶給你永久的傷害。但僅僅知道發洩的重要性還是不夠的，你還應該學會如何去發洩，掌握發洩的要領。

發洩其實並不難，比如我們可以採用兩種最簡單的方式。一是用嘴發洩，二是用手發洩。

嘴上發洩又分兩種。一是自言自語。比如有人受了上司的氣，不敢對上司發作，只好買一瓶酒，一邊自斟自飲，一邊罵東罵西。別看他形象不佳，但他的大方向是正確的，罵完了，氣也消了，再蒙頭睡一覺，什麼事也沒有了。阿Q的自言自語是最好的發洩良方，他挨了打，罵一句「兒子打老子」，心理平衡了，高高興興地搖船去割麥。我們常說某人有阿Q 精神。只要細想想，我們每一個人都曾當過阿Q，只是自我安慰的語言不同罷了。

二是對人傾訴。當你有「一肚子氣」時，不妨找一個親近的人、理解你的人，把肚子裏的怨氣全部倒出來，這樣可以得到解脫。但這必須選準對象，因為不理解你的人，不可能靜聽你的「投訴」，聽別人發牢騷畢竟不是一件愉快的事情。如果他一邊聽你的訴說，一邊做別的事情，一副心不在焉的樣子，反而會使你更生氣，而且不理解你的人往往和你唱反調，說一些「嘿，你真不應該那樣」之類的話，簡直是火上澆油，把你

氣個半死。

　　而用手發洩也可分為兩種。一是用文字發洩。在你受了某人某事的氣之後，利用你手中的筆，一「寫」為快，把它記下來，或者寫一封措辭激烈的文章，將對方罵一通。

　　奧連雷諾是一個煉金術士的助理，這位煉金術士是個年逾七十歲的老頭，脾氣非常古怪。他時而對奧連雷諾非常體貼關心，時而又對他大發雷霆。奧連雷諾被他弄得暈頭轉向，不知道該怎麼辦才好。

　　有一天，老頭又對他大發脾氣，指責奧連雷諾未按他寫的配方配置材料，導致實驗又一次失敗。奧連雷諾明明記得自己就是按老頭所寫的配方配置的材料，而且因怕被責罵，他還仔細地對照了兩次。這肯定是由於老頭自己寫錯了配方，造成了這次實驗的失敗，然後又拿他來出氣，而且這種情況已經出現過很多次了，奧連雷諾聽著耳邊滔滔不絕的罵聲，心裏氣憤難平，於是奪門而出。他不幹了！

　　一回到家，奧連雷諾就拿出紙和筆，在上面寫下了他的怨氣，整整寫了十頁，列舉了那個老頭大大小小的無數個「罪狀」，寫完後因為疲憊，奧連雷諾很快就睡著了。

　　第二天，老頭聽見有人敲門，開門一看，奧連雷諾正站在門口笑嘻嘻地看著他。老頭習以為常地拍拍奧連雷諾的肩膀說：「進來吧，我真搞不懂你每次挨罵後，都跑回家去做了些什麼，而且每次都笑嘻嘻地回來。」

　　奧連雷諾笑著眨眨眼說：「還是那句話──我有一劑化解

煩惱的妙方，但我不會告訴你是什麼！」

當然請記住，那些寫下的東西最好寫完就毀掉，不要讓別人看到，更不要故意給惹你生氣的人看，因為那樣只會將事情弄得更糟。只要像奧連雷諾那樣發洩了，我們也就達到目的了。

二是以創作發洩，這是發洩的最高境界。例如司馬遷遭宮刑寫《史記》，曹雪芹窮困潦倒著《紅樓夢》，蒲松齡落第創作《聊齋》，李時珍三次考場失利，憤而從醫，足跡遍及三山五嶽，終於寫成流傳千古的醫學巨著《本草綱目》。法國的維克多・格林尼亞萊出身有錢人家，年輕時遊手好閒。在一次舞會上，他被一位漂亮女人稱做「花花公子」而猛然醒悟，開始發憤攻讀，二十多年後，他榮獲了諾貝爾化學獎。

甚至不少發明也是受氣後的產物。例如有個外國商人用鵝毛筆與人簽訂合同，筆卻不停地漏水，就在他另尋筆時，一個「第三者」搶走了這筆買賣。這一個沉重打擊，氣得這個商人埋頭搞發明。不久，世界上第一支「自來水筆」（即鋼筆）誕生了。

此外還有一種「手頭發洩」方法：摔盆打碗砸東西。但這種方法比較偏激，不恰當，所以不應提倡。

但在發洩的同時我們也應注意到，別讓「發洩」走入誤區。有人在外頭受了氣，回到家對著家裏人吹鬍子瞪眼、摔盆砸碗，將心理壓力轉嫁到親人身上，這樣做就大錯特錯了。所以學會如何正確地發洩是非常重要的，它不僅能保護你自己，

也能保護你身邊的人。

認認真真地發洩一次是必要的

　　有人說：「思想的運用和思想的本身，就能把地獄變成天堂，把天堂變成地獄。」所以我們要學會跟著自己的感覺走，該笑的時候就笑，該哭的時候就哭，該發洩時就發洩。科學研究證明：適當發洩對身體有好處。所以在勸慰那些心情不好的人時，你可以告訴他們一條秘訣：發洩出來吧，這樣會好受得多，而且有利於身體健康。

　　其實你在生活中也可以這麼做。也許在平常，你的家人和朋友都知道你是易怒的人，因此他們都儘量不惹火你，萬一你有什麼不順心，大家便有意無意地避開你。在你任職的公司，你當然得忍耐一些，不過，如果那些你本身就很討厭的人惹到你，你是絕不會讓怒氣自動消失的。你可能非常生氣地罵幾句莫名其妙的話，但也可能把矛頭指向對方，連譏諷帶謾罵。這種情況下，要是對方是個耐性稍差的人，你們就只好硬碰硬相互指責、爭吵，甚至乾脆以拳頭解決問題。

　　那麼問題在哪裡呢？其實問題就在於你無法控制自己的情緒。於是同事們都害怕接近你，甚至連你的上司都不願招惹你。情況嚴重時，你還可能被人告到法庭上，而且你可能經常

受傷，卻沒人同情你。在這種情況下，你就應該好好考慮適當發洩一下你的情緒了。

一天，一位大老闆在門外散步，偶然聽見他的一位員工正在抱怨公司的待遇太低、工作時間長、上司又不肯提拔他。

這位老闆聽了怒火上升，幾乎想立刻走過去斥責他。但是他靜立了一會兒，等到怒氣稍退後，才走過去向那個職員問道：「你好，近來是不是受了什麼委屈呢？」

那個員工驚惶失措，忙說：「沒什麼！我覺得很好！」

老闆還是很和悅地說：「剛才你不是在說你的工作太多、公司待你不好嗎？」

那位員工深感不安，終於承認剛才的話，並且說他感覺不快的最大原因，是因為昨天傍晚他在泥地中弄壞了一個汽車輪胎。

當那名員工把自己的不快向老闆訴說完之後，心情頓時輕鬆了很多。

所以每個人都應該按照自己的個性，選擇一種最適當而又有效的發洩方法，並將它養成習慣，那麼當不佳的情緒上升時，就不難立刻將它消失於無形了。

但無論碰到什麼問題，你都應學習先理智地加以分析，心平氣和地把意見、不合的地方，拿出來和大家討論。既傷人又傷己的發洩，無助於解決分歧，反而會遺留下許多令你頭痛的難題，所以應儘量避免。在公司遇到問題，可以向理解你、願意聽你傾訴的人尋求幫助，讓他們為你拿主意。和同事之間有

了矛盾，找第三者來調停，也是個不錯的辦法，這更容易讓你察覺並改正自己個性上的弱點。

適當發洩應取決於你對情境的正確判斷，如果你真是個很衝動的人，不妨在家裏懸掛一個沙包，以方便自己的發洩。適當發洩的重點在於明確發洩是否有利於達到目的，判斷發洩是不是達到目的的最好方法，最後還要決定採取什麼樣的應對方式，這樣才能恰到好處地讓自己得以發洩，又不至於讓這種不佳情緒因過度表現，而影響了人際關係。

當然，為了儘量減少產生不佳情緒的可能性，你要學會寬以待人，學會體諒，學會恬靜，但有時候認認真真地發洩一次也是極有必要的，因為沒有發洩就不能疏導心裏的壞情緒，也不利於健康。

選擇最適合你的發洩方法

有首流行歌曲中唱道「生活就像一團麻」，想來很有些道理，現代社會的人們，一面充分享受著時代進步的恩惠，一面卻又被人生固有的煩惱和時代變革帶來的種種困惑所深深困擾。疾病的糾纏、追求的失落、情感的傷害、快節奏的工作和生活等，給人們造成了種種不良情緒。它們時常無情地啃噬人們的心，妨礙人們正常的學習、生活、工作。既然心靈不可能

是一泓永遠寧靜的湖水，那麼當翻湧混濁的波瀾時，我們需要的則是正確的疏導與宣洩。

下面就為你介紹一些實用而且簡便的發洩方法。

有道是：「一唱解千愁。」引頸高歌可以洩盡心頭煩惱。唱歌從來就是解除緊張、激憤情緒的有效手段，民間有句俗話說「黑夜過墳地唱歌──自己給自己壯膽」，便是對歌唱能緩解緊張情緒的最好注釋；現代生活中，情緒不佳時，粗魯者可以在大街上吼幾句不成調的「妹妹你大膽地往前走」，細膩的人回家關上門，扭開音響，哼幾聲：「好人一生平安！」還有更好的去處是去ＫＴＶ，在包廂中大唱一首「風雨中這點痛算什麼，擦乾淚，不用問，至少我們還有夢」，或點唱那首似乎已參透未來、過去人間萬事、萬物的《瀟灑走一回》。

你還可以採用一些絕妙而滑稽的宣洩方法。當然，這需要一定的想像力，比如說：

一名公司職員氣沖沖地衝進經理辦公室，大拍桌子，指責經理處理事務不公平，要求加薪水，一旁有人問他：「經理不在，你凶給誰看？」職員嘿嘿一笑說：「就是要趁他不在啊！」怒氣已經消了。

其實另一方面，清靜、無言也是宣洩。以清靜、雅致的態度，平息心頭的怒氣、排解沉重的壓抑，往往是知識型的社會成員的選擇。他們情緒不佳時，既不高歌，也不與任何人說起，只是默默地培花、弄草、或擺佈郵票、或揮毫書、畫、或逗鳥、垂釣……他們採取這類獨到的宣洩方式，是因為他們哪

怕在散步時，都能悟出人生的許多道理來。

　　一位散文家曾談起自己的生活體驗說：「每當情緒起伏不平時，我就到陽臺上看星星、瞧月亮，夜空在閃爍的星光背後顯得格外幽深，那時我會覺得個人的成敗、榮辱在宇宙面前，實在不值得耿耿於懷；遇上流星；更是給我一份驚喜、一份啟迪……」

　　對於普通人來說，生活的哲理不是那麼簡單就能悟出來的，惱了、悶了，如果不想對誰說，又不甘心毫無表示，便選擇了更獨特的宣洩方式，比如近年來曾風行一時的「T恤文化」，便是在胸或後背，鮮亮地印上醒目的大字，如：「別理我，煩著呢」、「別愛我，我沒錢」等，言簡意賅，不想別人來打擾，壞情緒全印在了T恤上，心中的怒氣、怨氣，逐漸在人們異乎尋常的目光中消逝。不過這主要是年輕人的專利。

　　年輕人在這方面有更多的優勢，和心上人相約在黃昏後，花前月下竊竊私語，既解除了煩悶，又增進了相互的瞭解，愛情大概是年輕人克服不良情緒的無與倫比的良藥。另外，當年輕人遇到情緒不好時，還可以一個人去球場跑跑，邊跑邊仔細地思考一番，往往這麼做之後，通常就沒有什麼事了，而且同時還鍛鍊了身體，何樂而不為呢？

　　我們還可以求助於專門的宣洩管道。因為如今有效地排除人們的不良情緒，讓每個人都能輕鬆地工作、生活，已越來越引起社會學家、心理學家的重視，所以為了幫助人們順利地宣洩不良情緒，社會有關方面做出了很大的努力，為人們宣洩不

良情緒，提供了更好的選擇。比如為數不少的電臺或心理諮詢機構開通了諮詢熱線，亮出動聽而耐人尋味的節目名稱，或叫做《午夜心橋》，或稱為《今夜不設防》等，心緒不佳的人們可以於夜深人靜之時，撥通一個奇妙的號碼，然後盡情地一吐胸懷，連對最親近的朋友也不願說的隱衷，也可以毫無顧慮地和盤托出，或者盡情地聽接線員悅耳的聲調，痛快地談上一通人生的哲理，然後吁出一口氣，便心平氣和了，這無疑是一種極佳的解脫。

情緒整理術

❶ 淡漠與遺忘，從而緩解消極情緒對自己的侵擾，避免由此所造成的身心損傷。

❷ 有意識地通過轉移話題或做點別的事情，來分散自己的注意力。也可以用一些特殊的方法，如強迫自己不講話、數數等，來緩解自己的緊張情緒。

❸ 當與人產生矛盾時，要勇敢地與對方開誠佈公地交換意見，以解開疙瘩，消除誤會。萬不得已，在好朋友面前大哭一場，訴說心中的委屈與痛苦，心理壓力也會減輕一些。

❹ 將情緒激起的能量引導到對人、對己、對社會都有利的方向去。

❺ 用合理的、理性的思維去思考自己的問題。運用合理情緒療法，進行情緒的自我調節，可取得良好的效果。

學會冷靜，
熄滅心中的怒火

惱怒是一種毫無益處的心態

智者指出：「惱怒是一種毫無益處的心態。」

上班時堵車堵得厲害，紅綠燈仍然亮著紅燈，而時間很緊，你煩躁地看著手錶。終於亮起了綠燈，可是你前面的車子遲遲不開動，因為開車的人精神不集中，你憤怒地按了聲喇叭，那個似乎在打瞌睡的人終於驚醒了，倉促地把車開動了。而你卻在這幾秒鐘裏，把自己置於憤怒的情緒之中。

美國研究應激反應的專家理查·卡爾森說：「我們的惱怒有百分之八十是自己造成的。」這位應激反應專家在討論會上教人們如何不生氣。卡爾森把防止激動的方法歸結為這樣的話：「請冷靜下來！要承認生活是不公正的。任何人都不是完美的，任何事情都不會按計劃進行。」

經研究發現，應激反應是在頭腦中產生的。即使是在輕微的惱怒情緒中，大腦也會命令分泌出更多的應激激素。這時呼吸道擴張，使大腦、心臟和肌肉系統吸入更多的氧氣，血管擴大，心臟加快跳動，血糖升高。

曼傑克·亨特是美國著名的精神病學專家。他向自己的病人建議，在你感到自己就要發脾氣之前，一定要向自己提三個問題：

(1) 這件事是否很重要？

(2) 我的反應是否恰當？

(3) 情況是否會有所改變？

如果你能認真地回答這三個問題，那麼你動輒就為小事發脾氣的壞毛病就會改變，這同時也讓你對一些根本無法改變的事情抱以平常心。不僅如此，它還能讓你認識到自己是不是真的應該發一發脾氣。

一次，曼傑克·亨特與幾個醫生在一起開會。當他陳述完自己的某個觀點之後，一個醫生竟然用「荒謬可笑」來評價它。這讓曼傑克·亨特大為惱火，不過他並沒有按照自己的第一反應立即予以回擊。相反地，他冷靜地用自己平時教給病人的方法，對自己提出了三個問題。

「這件事是否重要？」他自答道：「是的，它非常重要，我的研究成果不能就這樣被說成是荒謬可笑。」

「我做出這樣的反應是否恰當？」他回答：「是的，即使到了法庭上，法官也會認為我的生氣是合情合理的。」

最後，他問自己：「情況能否會因此有所改變？」他回答道：「是的，我必須讓這個人意識到，如此不尊重別人的做法是錯誤的，而我的研究結果將會被更多的人認可。」

進行完了這一系列的思考之後，曼傑克·亨特對剛才那個說他「荒謬可笑」的醫生說：「對不起，先生，請你不要用『荒謬可笑』來評價我的成果。」那位醫生隨即向他表示了道歉，亨特緊張不快的情緒也就頓時冰釋了。

所以我們應學習亨特，在生氣時問自己那三個問題，用理

智來平息怒氣。

日常生活中，像排隊、堵車、遲到這樣讓人煩躁的事情，可能每天都能碰到。這時，你最好能改變態度，讓自己以平靜的心態去面對它。

理查·卡爾森的黃金規則是不要讓小事情牽著鼻子走。他說：「要冷靜，要理解別人。」他的建議是表現出感激之情，別人會感覺到高興，你的自我感覺會更好。

你學會傾聽別人的意見，學會表達自己的意見，這樣不僅會使你的生活更加有意思，而且別人也會更喜歡你；每天至少對一個人說你為什麼賞識他，不要試圖把一切都弄得滴水不漏。只要找，總是能找到別人的缺點。這樣找缺點，不僅會使你，也會使別人生氣；不要頑固地堅持自己的權力，這會花費許多沒有必要的精力。不要老是糾正別人，常給陌生人一個微笑，不要打斷別人的講話，不要讓別人為你的不順利負責。要接受事情不成功的事實，天不會因此而塌下來；請忘記事事都必須完美的想法，你自己也不是完美的。

這樣一來，你的生活就會突然變得輕鬆許多。

不要因一時衝動而失去理智

　　在現實當中，有感情的人不可避免地都會因某一件事而發怒，關鍵是要注意發怒的場合，特別是發怒的方式，不要因一時的衝動而讓自己失去了理智。

　　美國名人之一畢林斯先生，曾任全美煤氣公司總經理達三十年之久。他在任職總經理期間，給人留下最深刻的印象，就是他對於許多小事常常會大發脾氣，而對於那些重大事情卻反而鎮定異常。

　　有一次他搭車回家，下車時，把一盒雪茄遺落在車裏了，不久後他記起來，於是立刻返身去找，但雪茄早已不見了。這包雪茄的價值不過是五美分，對他而言真可算是微乎其微的損失。但他竟因此而氣得面紅耳赤、暴跳如雷，以致旁觀者都以為他失去的是一件什麼價值珍貴的寶物。

　　後來有一次，他憑空遭遇了十萬倍於那次的損失，但他卻反而鎮定得若無其事。

　　那是全世界鬧經濟恐慌的年代，畢林斯先生有好幾天因為臥病在床，沒有去公司辦公。就在這幾天裏，有一家銀行倒閉了，他湊巧在那家銀行裏有三萬美元的存款，結果竟成了「呆帳」。等到他病癒後，聽到這個消息，卻只伸手搔了搔頭髮，然後沉思了一會兒，便說：「算了，算了。」

實際上，遇到一些感覺不快的小事時，儘管發洩你的怒氣，直到你的心境完全恢復平靜為止。因為這樣可以使你永遠保持開朗鎮定的情緒，使你一旦遇到大事發生，就可以用全副精神從容地應付，否則不論事情大小，遇到怒氣便積在心裏，等到面臨更大的打擊時，你堆積多時的大小怒氣便如氣球爆裂一樣，衝破了理智的範圍，使你變得毫無自制的能力了。

除了將怒火轉移到小事上，你還可以將怒火轉移到其他方面，甚至轉化成好心情。

查特蕾太太正在教她五歲的兒子勞倫使用剪草機，母子倆剪得正高興時，家裏的電話鈴響了，母親進去接電話。不一會兒，查特蕾太太出來後看到一幕慘況：勞倫把剪草機推向她最心愛的鬱金香花園，不一會兒，已經有兩公尺長的花圃被剪掉了。

查特蕾太太看到這一切，青了臉。眼看她的巴掌已經高高地舉起，忽然，查特蕾太太的丈夫迪艾屈出來了，他看見滿地狼藉的花圃，馬上明白發生了什麼事。迪艾屈小聲、溫柔地對太太笑道：「親愛的，我們現在最大的幸福是養孩子，不是在養鬱金香，你說對嗎？」兩秒鐘後，他們交換了一個微笑，一切歸於平靜。

事實上，轉移怒火只是輕而易舉的事，可以輕輕鬆鬆地做到，只要你有這樣的積極態度，再加上你對生活的細心體驗，你就不難發現轉移怒火的方法，並將它輕鬆地付諸實踐。

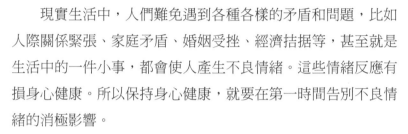

第一時間告別不良情緒

　　現實生活中，人們難免遇到各種各樣的矛盾和問題，比如人際關係緊張、家庭矛盾、婚姻受挫、經濟拮据等，甚至就是生活中的一件小事，都會使人產生不良情緒。這些情緒反應有損身心健康。所以保持身心健康，就要在第一時間告別不良情緒的消極影響。

　　實際上，不良的情緒可以導致人們產生某種身心疾病，如高血壓、糖尿病、冠心病、消化性潰瘍、過敏性結腸炎、癌症等。對已患了某種疾病的人，會進一步加劇生理功能紊亂，降低對疾病的抵抗力，加速原有疾病的進一步惡化。所以如果是因不良情緒鬱積在胸，容易造成身心疾病，甚至死亡的悲劇。

　　心理因素之所以會影響身體內臟器官功能，一般是通過情緒活動而起作用的。積極的情緒對人體活動可以有良好的促進作用，提高體力和腦力活動的效率，使人的身心保持健康的狀態；而消極的情緒如果強度過大或持續過久，就可能導致神經活動機能失調。

　　比如說長期的情緒不穩定，會干擾大腦對皮膚的調節功能，因而引起皮膚陣發性劇癢。持續性不良情緒，還往往使某些人尋求一些錯誤的應對方式，如長期大量酗酒，久而久之，造成酒精依賴或酒精中毒，導致人格改變，智力下降，產生某

些精神症狀，甚至產生自殺、衝動、傷人、毀物或違法行為。還有人為了擺脫煩惱，長期自行服用一些鎮靜藥物或毒麻物品，結果產生了心理依賴或成癮綜合症。

不良情緒還會誘發某些精神障礙，如精神分裂症、情感障礙、癡呆、強迫症、恐懼症、疑病症等，在生活、工作中亦容易發生交通事故。

當面對人生固有的煩惱和時代變革帶來的種種困惑，面對疾病的糾纏，追求的失落，奮鬥的挫折，情感的傷害，學習的壓力困擾時，我們便會不由自主地產生不良的情緒。此時如果對不良情緒不能正確對待，不加以及時調節疏導與釋放，就會影響工作、學習和正常生活，繼而導致身心疾病，危及人的健康。那麼怎樣來排解生活中遇到的不良情緒呢？

其實宣洩的方法很多，人與人因個體差異和所處環境、條件各異，採用宣洩的方式也不同，從小小的一聲歎氣，到大笑、疾呼、怒吼以及跑步、打球、散步等，都可以達到宣洩作用。只要當不良情緒來臨時，我們能在第一時間將它們趕走，我們的情緒便不會成為我們工作和生活的絆腳石。

學會制怒

　　一個人表達能力的強與弱，會影響他在別人心目中是否可以留下「沉穩、可信賴」的形象。同時，這也取決於他能否駕馭自己的情緒。

　　失控的情緒不僅會使自己的表達能力失控，而且也會為他人和社會帶來危害和災難。情緒有本能的特點，作為一個社會的人，在表達自己的觀點與看法時，不可能僅僅聽任情緒的本能衝動。

　　著名精神分析學專家S・佛洛伊德經過研究認為，人格是由本我、自我、超我三個部分組成。本我是指與生俱來的各種本能，是一種無約束的本能衝動，也是無意識的核心和一切精神能量的庫房與泉源，它的表現和釋放通常是遵循快樂原則，滿足本能的需求；自我的主要任務是協調或調節本我與超我之間的關係，調和本我與外部世界的關係，它不希望本我為所欲為，但又常常被本我鉗制著，自我的特點是思維的客觀性和邏輯性；超我是指個人所處環境的社會和文化規範，亦即良心、道德心、自我典範、社會和文化的價值標準，其對自我發揮著法官的作用，對自我和本我進行稽查。

　　佛洛伊德的這種理論假設很有意義，這三者之間的關係用一個形象的比喻就是本我像是一匹烈馬，自我是駕馭烈馬的主

人，超我是駕馭的方向和標準。只有三者和諧統一，才能達到人格的和諧與完美。因此情緒的本能性必須受到有效的控制，否則它將把自我帶向毀滅。對本能情緒的有效控制，實際上就是戰勝本我的勝利。

一般情況下，人很難控制自己的喜、怒、哀、樂等七情六慾。在法庭上，一些犯人對對方律師的質問，通常會以「我不記得了」或「我不知道」來回答。所以聰明的律師就會用盡各種可能的辦法來套取證人的供詞。有時他會故意羞辱證人、激怒證人。一旦證人上了鉤，被律師的話刺激得怒不可遏，往往就會失去自制，說出他在冷靜的情況下不會說出的證詞。

米開朗基羅曾說：「被約束的力才是美的。」對於情緒來說也是如此，一個人的情緒如果不能得到有效的調控，那麼人就有可能成為情緒的奴隸，成為情緒的犧牲品，說出一些不合時宜的話，甚至激怒別人。

人是被情緒啟動的動物，不同的情緒狀態將導致不同的表達成效。比如有些人過分緊張，往往產生回憶阻滯、記憶錯亂、思維遲鈍等現象，與人交流時大失水準；有的人在遭遇強敵時，也常會因心情緊張而頻繁說錯，迅速敗陣。又比如當心情處於輕鬆愉快、積極樂觀時，人的表達能力和說服成效都會大幅提高；當情緒如焦慮、憤怒或恐懼處於恰當的程度時，人能夠激發潛能，清楚地闡述平時看來十分棘手的話題，克服平日看來不可想像的困難。情緒啟動水準不能過低也不能過高，過低使得有機體死氣沉沉、了無生氣；過高又會產生亢奮緊

張，物極必反。

因此一個人的情商高低，主要表現在對情緒控制的成敗方面。對於情緒的控制，主要集中在兩方面。一是控制衝動；二是調節情緒狀態，以此調節平和心情，營造平穩愉快的心境。

所謂衝動，是指情緒的「烈馬」脫離了理智的韁繩，完全不受本能的驅動和控制。

由於情緒衝動而造成的人際關係緊張、生活和事業的挫敗現象，在生活中比比皆是。在衝動性的情緒中以憤怒最為有害。情商研究認為控制衝動主要是控制人的憤怒情緒，不要做憤怒情緒的奴隸和犧牲品。對憤怒情緒的控制水準，標誌著一個人的品行水準。一個人如果容易發脾氣，亂說話，那是對自己和他人的雙重傷害。

事實上，憤怒是指某人事與願違時，所做出的一種惰性情緒反應，他的心理潛意識是期望世界上的一切事都要與自己的意願相吻合，當事與願違時便會怒不可遏。這當然是癡人說夢式的一廂情願。其實一個人便是一個世界，他有權決定他的說話和行動方式。所以在與人交流時，最難戰勝的是自己，控制情緒，駕馭情緒，是很重要的一件事。你不必「喜怒不形於色」，讓人覺得你陰沉不可捉摸，但情緒的表現絕不可過度。

一個人表達觀點的最大障礙不是來自於外界，而是自身，是自制力的問題。一個成功的人，其自制力表現在大家都說但情理上不能說的事，他克制而不去說；大家都不說但情理上應說的事，他強制自己去說。

　　一個明智的人，如果能恰當地駕馭好他的情緒「烈馬」，並以最佳的方式表達出來，那麼他將在別人心目中留下「沉穩、可信賴」的形象。雖然他不一定因此獲得重用，或者在事業上有立竿見影的效果，但總比不能控制自己情緒的人要好得多。

情緒整理術

❶ 降低聲音、放慢語速，都可以緩解情緒衝動，而胸部向前挺直，就會淡化衝動緊張的氣氛；反之，當身體前傾時，就會使自己的臉接近對方，這種講話姿態能人為地造成緊張局面。

❷ 當別人的想法你不能苟同，而一時又覺得自己很難說服對方時，閉口傾聽。

❸ 如果雙方在交流意見時，能夠交換角色而設身處地的想一想，就能避免雙方大動肝火。

❹ 當衝突發生時，在內心估計一個後果，想一下自己的責任，將自己昇華到一個有理智、豁達氣度的人。

放棄固執，
適時變通才會成功

放棄自身的固執偏見

　　偏見猶如一道牆，執有偏見的人只看到牆，而看不到牆那邊還有土地、花朵以及河流，總是固執地說：「牆上怎麼會有花朵和河流。」

　　在生活中，或許大多數人跟前都有這樣一道牆。因為對一件事的認知程度不同，領域不同，處事的方法也不同，即使科學家也保證不了毫無偏見。十九世紀初，德國的弗朗赫費製造出反射望遠鏡，創建了光譜學，是一位偉大的科學家，但他卻被拒絕出席科學會議，僅因為他是光學儀器製造商，而不是科學家。

　　偏見來源於無知和傲慢，甚至來源於對某些事情固執的誤解。孟德斯鳩說：「一切事物的不正常狀態，都源於偏見。」一般地說，不辨真相，偏聽偏信，就會導致偏見。一旦形成偏見，就會有意無意地不相信事實真相。偏見比無知離真理更遠。

　　偏見之於正見，如影隨形，有時兩者還糾纏在一起，不好分辨，擺脫偏見的法門是包容。包容是火，會用它的熱量將像顏料一般聚結的偏見溶化在水裏，使得正見自明。一個偏見較少的人，敵人少，錯誤也少一些。

　　現代人太過於講求自身的利益需求了，而這種對利益的過

分癡迷和追求，過於強調以自我為中心的現代人，在觸及自身利益的時候，會表現出來「排他性」，要克服這種排他性，就需要我們時時自省。

有位學者向南隱問禪，南隱以茶相待。他將茶水倒入杯中，茶滿了，但他還是繼續倒。學者說：「師父，茶已滿出來了，不要再倒了。」南隱說：「您就像這茶杯一樣，裏面裝滿了您自己的看法和觀點。您若是不把您自己的杯子倒空，叫我如何對您說禪。」

可見，固執容易，包容很難，只有虛心才能容道。如果心中有自己的成見，認為人們不可能征服煩惱，那麼就聽不見別人的箴言了。老子有四句箴言：「不自見，故明；不自是，故彰；不自伐，故有功；不自矜，故長。」

一個心中充滿偏見的人是不懂得包容別人的，而這種偏見的產生，卻往往是因為自身認知的偏差所導致，只看到事物的一面而不去探求更深入的瞭解，莽撞武斷地對人、對事妄下結論，這樣的人是愚蠢至極的。

有位女士養了一隻珍貴的鸚鵡，非常可愛漂亮，但是它卻有一個怪毛病，常常咳嗽，而且聲音渾濁難聽，喉嚨裏好像塞滿了令人作嘔的痰。於是女主人就對牠很是嫌惡，並且說：「看著外表挺漂亮，卻發出這樣難聽的聲音，看來我一定是上當受騙了，這鳥不是純種，而是一隻病鳥。」於是她心生嫌惡，在以後的日子裏，逢人就說這隻鳥怎麼讓人討厭。

有一天，她家裏來了一位獸醫，她又埋怨起來了。不料獸

醫走近這鳥仔細看了一下說：「這鸚鵡是真正的珍貴品種，而且完全健康，沒有毛病。我想問題應該出在您身上，您是不是經常抽煙呢？」

獸醫這一說，這位女主人才明白過來。因為她抽煙，所以經常咳嗽，這隻鸚鵡只是唯妙唯肖地把主人的聲音，模仿得以假亂真罷了。

大千世界，錯綜複雜，有表象有實質；現實生活豐富多彩，有清明有渾濁。我們總有無法把握真理、廓清迷霧、明辨正誤的時候，那麼我們不妨擁有一顆求同存異的心，學會寬容。凡事多從自己身上找原因，每日三省吾身，看看自己是不是戴著有色眼鏡看待他人、看待社會！

佛學有句話：人生最大的敵人是自己，人生最大的失敗是自大。自認高明，離犯錯誤就不遠了。見人之過易，見己之過難。人們不能認為什麼都是自己對，別人不對，不要老懷疑別人有問題，要善於傾聽別人的意見。正是偏聽則暗，兼聽則明。放棄自我固執的偏見，生活就會變得輕鬆而美好。

生活沒有固定的模式

「兵無常勢，水無常形」，人的日常生活也是這樣。生活是沒有固定的模式的，一切要根據實際情況而定。在生活中，

最忌頭腦裏只有一個固定概念、一個固定模式。按照這個模式去生活，只會讓自己侷限在一成不變的生活裏面。

有一對剛結婚的小夫妻吵架，女孩就說：「每當我看見他擠牙膏從中間壓擠時，我就會抓狂！每個人都知道，應該從尾向前面開口處擠嘛！」似乎大家都明白，牙膏應由尾擠向開口處，然而調查結果顯示，只有一半的人知道應由尾端先擠，而其他一半的人卻認為牙膏應該從中間開始擠壓。

生活讓我們必須跟周遭的人、事、物融合在一起。我們不能將自己侷限於某種不變的框架下，認定每件事情只有單一的解決方案是錯誤的。就像上面的擠牙膏事件，重點並不是我們從牙膏的什麼地方開始擠，而是我們應該將牙膏擠到牙刷上面，至於牙膏是如何附著到牙刷上的，事實上並不太重要。假使真的有問題，那應是從我們內心製造出來的。

著名的心理醫生希琳稱那種一成不變的行為生活方式為「死板的生活模式」。「我們腦子裏塞滿了一堆慣性的動作和行為模式」她解釋道，「假使我們無法跳脫自己固有的思考及行為模式，在與別人相處，他人又希望來點不同的處境時，我們便會被激怒，就會變得跟周遭的人、事、物格格不入」。

希琳還舉了一些例子，這些例子是日常生活中，人們因為過分強調生活中固定的模式而發生的荒唐好笑的瑣事。一位婦女竟為了衛生紙紙卷的方向放錯了，而鬱悶了半天。還有一個男士，每天早上都會將車停在火車站的某一「特定」停車位，假使有一天別人將車停在了那個車位，他就會有種想法：「今

天一定是個倒楣日。」還有一個人，只要他的慢跑長襪折疊的
方式不對，他就會冒出無名火。

希琳告訴我們說：「真正的解脫之道就是找出你的生活模
式，然後破除它。找一天開車上班時，挑些不同的路走走；給
自己換個新髮型；將房子裏的傢俱換換位置……做任何可防止
自己落入停滯不前的新鮮事。」

因此希琳建議那位尋找特定停車位的男士給自己一星期，
每天都故意不把車停在那「幸運停車位」上，看看會發生什麼
事。結果什麼倒楣的事都沒有發生。我們只不過是被自己那個
固有的模式給套住了。我們要脫離生活的套路，選擇自己的生
活。

在一齣木偶劇中有一段是這樣的：

女主角向男主角大叫：「我看不見了！我看不見了！」男
主角馬上跑到女主角的身旁問道：「怎麼了？發生了什麼
事？」

女主角笑著說：「因為我把眼睛閉起來了！」

我們之所以會看不見事情真相，多半是因為自己將眼睛閉
起來的緣故，或者是被生活給圈住了。我們必須分辨清楚，到
底是生活圈住了我們，還是我們自身狹隘的思維限制了自己。
能實現快樂的唯一方式，是不被任何事物所約束，而不受約束
的唯一方式，就是管理好自己的思想，生活中沒有固定的模
式。

不能墨守成規

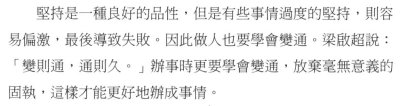

　　堅持是一種良好的品性，但是有些事情過度的堅持，則容易偏激，最後導致失敗。因此做人也要學會變通。梁啟超說：「變則通，通則久。」辦事時更要學會變通，放棄毫無意義的固執，這樣才能更好地辦成事情。

　　知變與應變的能力是一個人的素質問題，同時也是現代社會辦事能力高下的一個很重要的考察標準。聰明的人做事懂得變通，所以能夠進退自如。要想成為一個明白人，就要學會分清形勢，權宜機變，不能墨守成規，固執己見。

　　聽過穆罕默德喚山的故事嗎？穆罕默德向群眾宣稱，他可以叫山移到他的面前來，等呼喚了三次之後，山仍然屹立不動，絲毫沒有向他靠近半寸；然後穆罕默德又說，山既然不過來，那我自己走過去好了！穆罕默德非常懂得變通。

　　我們做事一定要動動腦筋，想些效率更高更快捷易行的辦法，這樣不僅能收到事半功倍的效果，也可以將許多人從毫無意義的勞動中解放出來。

　　明朝楊慎的《藝林伐山》中，講述了著名的伯樂孫陽的故事。孫陽是戰國時期秦國人，精通相馬，無論什麼樣的馬，他一眼就能分出優劣。他常常被人請去識馬、選馬，人們都稱他為伯樂。

　　為了讓更多的人學會相馬，孫陽把自己多年累積的相馬經驗和知識寫成了一本書，配上各種馬的形態圖，書名叫《相馬經》，目的是使真正的千里馬能夠被人發現，盡其所才，也為了自己一身的相馬技術能夠流傳於世。

　　孫陽的兒子也喜歡馬，他以為相馬很容易，特別是看了父親寫的《相馬經》後，心想，有了這本書，還愁找不到好馬嗎？於是就拿著這本書到處找好馬。他按照書上所畫的圖形去找，沒有找到。又按照書中所寫的特徵去找，最後在野外發現一隻癩蛤蟆，與父親在書中寫的千里馬的特徵非常像，便興奮地把癩蛤蟆帶回家，對父親說：「我找到一匹千里馬，只是馬蹄短了些。」父親一看，氣得頭都昏了，沒想到兒子竟如此愚蠢，悲傷地感歎道：「所謂按圖索驥也。」

　　可惜了孫陽的一肚子相馬經，竟然成為他兒子的本本主義，他兒子只知機械地照老方法辦事，不知變通。種子落在土裏長成樹苗後最好不要輕易移動，一動就很難成活。而人就不同了，人有腦子，遇到了問題可以靈活地處理，這個方法不成就換一個方法，總有一個方法是對的。做人做事要學會變通，不能太死板，要具體問題具體分析，前面已經是懸崖了，難道你還要跳下去嗎？不要被經驗束縛了頭腦，要衝出習慣性思維的樊籠，執著很重要，但盲目的執著是不可取的。

　　一個機智的人可以靈活運用一切他所知的方法，還可巧妙地運用他並不瞭解的方法。能在恰當的時間內把應做的事情處理好，這不只是機智，也可稱之為藝術。

那些百折不撓、牢牢掌握住目標的人，已經具備了成功的要素，如果再學會變通，那麼就如虎添翼，能更順利地走向成功。

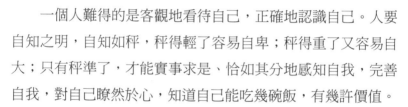
跳出固定的框架人生

一個人難得的是客觀地看待自己，正確地認識自己。人要自知之明，自知如秤，秤得輕了容易自卑；秤得重了又容易自大；只有秤準了，才能實事求是、恰如其分地感知自我，完善自我，對自己瞭然於心，知道自己能吃幾碗飯，有幾許價值。

可現實中人們常常不是準確地秤自己，太過於自信和自重，總覺得高人一等，辦事忽左忽右，不知輕重，從而造成不必要的尷尬和悲劇；或是自輕和自賤，多委靡少進取，總以為自不如人，自慚形穢，從而經常處於無限的悲苦之中。

有一位年輕人，總是抱怨自己時運不濟，命運多舛，不能像別人一樣發財，因此終日愁眉不展。一天，走過來一位鬚髮皆白的老人，問：「孩子，你為何如此悶悶不樂呢？」

年輕人看了老人一眼，歎了口氣：「我是一個名副其實的窮光蛋。我沒有房子，沒有工作，沒有收入，整天饑一頓飽一頓地渡日。像我這樣一無所有的人，怎麼能高興得起來呢？」

「傻孩子，」老人笑道，「其實你應該開懷大笑才是，你

是一個百萬富翁啊！」老人有點詭祕地說。

「開懷大笑？百萬富翁？你別拿我這窮光蛋尋開心了。」年輕人不高興了，轉身欲走。

「我怎會拿你尋開心？孩子，你現在能回答我幾個問題嗎？」

「什麼問題？」年輕人有點好奇。

「假如現在我出二十萬金幣買走你的健康，你願意嗎？」

「不願意。」年輕人搖搖頭。

「假如現在我出二十萬金幣買走你的青春，讓你從此變成一個小老頭，你願意嗎？」

「當然不願意！」年輕人乾脆地回答。

「假如我現在出二十萬金幣買走你的容貌，讓你從此變成一個醜八怪，你願意嗎？」

「不願意！當然不願意！」年輕人頭搖得像撥浪鼓。

「假如現在我再出二十萬金幣買走你的智慧，讓你從此渾渾噩噩，渡此一生，你願意嗎？」

「傻瓜才願意！」年輕人一扭頭，又想走開。

「別慌，請回答完我最後一個問題──假如現在我再出二十萬金幣，讓你去殺人放火，讓你從此失去良心，是否願意？」

「天哪！幹這種缺德事，魔鬼才願意！」年輕人憤憤地回答道。

「好了，剛才我已經開價一百萬金幣了，仍然買不走你身

上的任何東西，你說你不是百萬富翁又是什麼？」老人微笑著問。

年輕人愕然無言，突然間好像什麼都明白了。

一個人只有客觀地看待自己，明確自己的價值，才能把自己的心態擺正放平，才能知道自己的工作能力、學識水準、社會關係、家庭、社會背景等，處在一個什麼樣的狀況下，面對自己的現實情況，來把握自己的人生旅途，才能不怨這怨那。要放鬆自己，要用理智去分析原因的所在，沉著、冷靜地思考人生成敗得失，只有心知肚明，才能做到心寬量大，才能使自己走出困境，看到光明，才能使自己的生活更加豐富多彩和幸福快樂。

客觀地看待自己，就是正確看待自己的優點和缺點，客觀分析自己的強勢與弱勢、能與不能。既不過高地估計自己，好高騖遠，妄自尊大，目空一切，不自量力，拿雞蛋碰石頭；又不自卑、自餒，妄自菲薄，喪失自我。只有切實做到「自知」，才能使自己的人生目標定位於一個合適的位置，才能發掘自我潛力，進而超越自己。

在我們實現自我目標的時候，也許會有人提出質疑，嗤之以鼻；也許會有人認為你沒有努力拚搏，要求太低。不要被這些意見所左右。但丁說的好：「走自己的路，讓別人去說吧！」這時，只有當自己站在一塊能真實地反映自己形象的鏡子前，鏡子裏才會出現清晰的、原原本本的自己。所以只有自己才是最瞭解自己的。

　　然而，要做到客觀看待自己卻不是件容易的事情。自認為的自知未必是真正的自知，往往和真相有一定差距。所以我們要常常分析自己，檢查自己。古人云：「吾日三省吾身。」就是說自知之明來源於自我修養和自我慎獨。人具備了自知之明的胸臆和襟懷，在人生道路上就能經常解剖自己，自勉自勵，改正缺點，量知而思，量力而行，及時把握機遇，不斷創造人生的輝煌。

情緒整理術

❶ 有問題，要善於傾聽別人的意見。正是偏聽則暗，兼聽則明。放棄自我固執的偏見，生活會變得輕鬆而美好。

❷ 我們之所以會看不見事情真相，多半是因為自己將眼睛閉起來的緣故，或者是被生活給圈住了。

❸ 一個機智的人可以靈活運用一切他所知的方法，還可巧妙地運用他並不瞭解的方法。能在恰當的時間內把應做的事情處理好，這不只是機智，也可稱之為藝術。

❹ 我們不要盲從別人，要敢於走自己的路；更不必用別人的標準來為難自己。請記住，最重要的是自己心裏的感受，而不是別人的目光。

CHAPTER
05

放下過去，
曾經擁有是種美

不要總為昨天流淚

　　每個人都一樣，心中總有一些事情是很難改變的。也許曾有很多人告訴你應該放棄過去，但這很難辦到。如果不帶上自己的過去，可能不會心安理得地走向未來。

　　沒有理由把美好的過去忘記，沒有辦法抹去過去那一份悲傷。有時候我們有意識地擺脫過去，那是因為過去背叛了我們。這就像是我們很愛過去，但過去並不愛我們一樣。我們裝出不在意的樣子，繼續奮鬥，就好像在懲罰不友善的命運之神。

　　幾米說過：「生命中，不斷有人離開或進入。於是看見的，看不見了；記住的，遺忘了。生命中不斷有得到和失落。於是看不見的，看見了；遺忘的，記住了。」記憶中摻雜著太多的忽然忘記，忘記中閃爍著永遠的記憶，來來去去中，只有時間真實地流淌過，經歷不會像電影一幕幕重演，輝煌或失敗都似曾相識，只有做好自己，做好現在。

　　有這樣一個故事：一個著名演員，年輕時刻畫了一個轟動全球的角色，可是從那之後再也沒有過出色的表演，他太過耀眼，耀眼得沒有角色適合他。而沒有了演技的磨練，他始終無法突破自我，最後整日酗酒，鬱鬱而終。

　　快樂並不是擁有更多時才有，而是懂得享受已經擁有的，

　　痛苦是短暫的，快樂是永恆的。埋在昨天，為已逝去的過往哀悼，只會埋葬自己的青春，阻礙自己前行的腳步。

　　忘記不是我們能主宰得了的，很多時候我們是真的無法忘記，因為曾經被過去這樣深深地刺痛過。只有時間才能把記憶磨掉，在忙碌中去等待吧，在無暇顧及中褪盡昨天在我們心頭烙下的痕跡。儘管忘記過去是十分痛苦的事情，但時光不會倒流，過去既成事實，便不會再發生，我們只能幻想假如時光會穿梭，幻想自己還可以重新來過。無論何時，只要我們因為過去發生的事情而損害了目前存在的意義，我們就是在毫無意義地損害自己。

　　不要再沉湎於過去，不要再去回憶昨天，不要在淚眼朦朧中迷失前行的路，總是希望重溫舊夢，就會不斷地扼殺現在。因此我們強調要學會適當地放棄過去，放棄昨天。「人無遠慮，必有近憂」，如果胸無大志，沒有奮鬥的方向和計畫，沒有自己的思想，那麼我們就會被眼前雞毛蒜皮的小事所困擾，整天活在記憶的圍城裏不能自拔，為以前的事情斤斤計較。時間一長，就會覺得什麼東西都看不順眼，什麼事情都做不順心；就會感覺活得很累，看不到鮮花，看不到陽光，看不到希望，只覺得眼前紛繁蕪雜，茫茫一片，不期待明天會怎樣，甚至不想過到明天。

　　我們註定要承載苦難，註定在擁有中失去，註定走過昨天，註定要坦然面對一切的一切。要知道，過去永遠不會回來了，回憶過去，只能傷害自己的感情，甚至會害了自己。

三國末期那個「扶不起」的阿斗，就是因為他的樂不思蜀才保住了性命。相反，李後主成為階下之囚後，對故國不勝感懷，一曲「問君能有幾多愁，恰似一江春水向東流」，使趙匡胤頓生殺機。

忘記是自由的開始，忘記過去的傷痛今天才會快樂，忘記過去的輝煌今天才會更加積極。不要以為自己已經一無所有，也不要以為自己一直站在高山之巔。

在我們的生命裏有著太多的過往、太多褪色的約定和承諾。就像那飛越滄海的蝴蝶，大海太廣闊，蝴蝶飛不過去終會折斷翅膀。可是不飛過去又會寂寞而死，美好最終像星光一樣隕落。

那塵封已久的過往，那人、那物、那承諾都已成往事，隨風而去，留下的只有綿長的記憶與永流不盡的淚水。但是不管你怎樣感動，它們都已經成為你的歷史，成為你思想上的古董了。歲月流沙，所有的記憶都會遺失，不要讓它們沉澱成堅硬的礫石，在前進中絆倒你。物是人非，物不是人亦非。時間會讓記憶變得模糊，過去總會消失得無影無蹤。你現在之所以為昨天感動，為昨天流淚，是因為你還沒有經歷明天更能讓你感動，更能使你流眼淚的事情。生命還很漫長，我們沒有那麼多的淚水供自己揮霍，「想眼中多少淚珠兒，怎經得春流到冬，秋流到夏」。林妹妹的時代已經過去了，在當今社會，林妹妹是無法生存的，而且從健康方面講，過多的傷心流淚會導致大腦遲鈍，太過憂心會縮短人的壽命。因此不要為昨天流淚，放

棄過往，不管過去曾是輝煌，還是失意，都不要一味沉湎，別讓往事擋住你的視線。有人說：「明天不一定會更好，但更好的一定在明天。」把目光放遠一點，學會高瞻遠矚，學會放棄昨天，逃離昨天，逃離過往。

別為打翻的牛奶哭泣

一天，保羅博士在實驗室講課。他把一瓶牛奶放在桌上，沉默不語。學生們不明白，只是靜靜地看著老師。忽然保羅一巴掌把那瓶牛奶打翻在水槽中，同時大喊了一句：「不要為打翻的牛奶哭泣！」然後他叫學生們到水槽前看，「我希望你們永遠記住這種經歷，牛奶已經流光了，不論你怎樣後悔和抱怨，都沒有辦法再取回。你們要是在事前加以預防，那瓶牛奶還可以保住，可是現在晚了。我們現在所能做到的，就是把它忘記，然後注意下一件事。」

請記住：千萬別為打翻的牛奶哭泣！牛奶打翻在地已經是事實，再怎樣補救也無濟於事。它不會吝惜你的眼淚，也不會為你所感動。你唯一能做的就是：忘記它，然後注意下一件事！過去的已經過去，過去不能改寫，只有重新開始，為過去哀傷、遺憾，除了勞心費神、分散精力之外，沒有一點益處。

「不要為打翻的牛奶哭泣」，這是美國著名企業家、教育

家、演講家卡內基曾說過的話。卡內基在他事業剛剛起步的時候，曾經在密蘇里州舉辦了一個成人教育班，成功後又迅速地在全國各大城市開辦了許多分部。由於沒有經驗又疏於財務管理，在他投入很多資金用於廣告宣傳、租房、日常的各種開銷之後，他發現雖然這種成人教育班的社會反應很好，但自己所取得的利潤並不好，自己一連數月的辛苦勞動竟沒有什麼回報，收入剛夠支出的，幾個月下來自己是白忙了。

　　卡內基為此很煩惱，他不斷地抱怨自己疏忽大意。這種狀態維持了好長時間，他整日悶悶不樂，神情恍惚，無法進行剛剛開始的事業。後來卡內基只能去找他中學時代的老師喬治‧詹森，向他尋求心靈上的幫助。老師聽完卡內基的話之後，真誠地對他說：「是的，牛奶被打翻了，漏光了，怎麼辦？是看著被打翻的牛奶哭泣，還是去做點別的。記住，被打翻的牛奶已是事實，不可能重新裝回瓶子裏了，我們唯一能做的就是吸取教訓，然後忘掉這些不愉快。」

　　老師的話如醍醐灌頂，使卡內基的苦惱頓時消失，精神也為之振奮。他重新投入到他熱愛的事業中。後來卡內基常常把這句話說給他的學生，也說給自己聽。有一位學員多年之後回憶聽課時的情景，還頗有感觸地說起卡內基曾說過的這段話。

　　莎士比亞說：「聰明的人，永遠不會坐在那裏為他們的損失而悲傷，他們會很高興地想辦法來彌補他們的創傷。」值得我們注意的是直到現在，我們這個時代的很多人，都還自覺或者不自覺地遵照他的話在做。

　　著名化學家諾貝爾在一次試驗中，不慎引發了一場大火，他最親愛的弟弟在大火中不幸遇難。諾貝爾的內心充滿了自責，他覺得無法面對母親、面對家人，曾想就此放棄研究。所幸的是經過一段時間後，他的心裏平靜下來。他想，弟弟是為此而死的，如果自己就此放棄事業，弟弟的死就毫無價值。於是他重新振作，最終取得了成功。

　　上帝讓身處糟糕地位的窮人陷入更糟糕的處境，以此來說明，你的處境雖然很糟糕，但還不是最糟糕的，你還沒有到絕望的時候。

　　奧斯卡獲獎影片《蘇菲的抉擇》，講述了一個從奧斯維新集中營裏出來的波蘭女人的故事。影片一開始，蘇菲已經來到了美國，可是她依然生活在噩夢中。所有她愛的人，她的父親、母親、丈夫、情人、兒子、女兒都死去了，只有她活了下來。她無法原諒自己，因為自己崇拜的教授父親變成了一個納粹種族主義的狂熱信徒和倡行者；自己的丈夫和情人被德國的蓋世太保所殺。在集中營裏，德國人「恩賜」給她一個機會，讓她在自己的兒子和女兒中選擇一個留下來（另一個就會被送進毒氣室），蘇菲絕望地說：「把我的女兒帶走吧！」在蘇菲的心靈深處，她認為自己不配再擁有愛情、家庭和孩子，最後她選擇了死亡。相信看過這部影片的人，沒有人會覺得蘇菲應該受到譴責，即便她曾試圖討好自己的敵人，曾選擇讓女兒去死。當面對一個深愛她的、頭腦正常的年輕人求婚時，所有人都希望蘇菲能開始新的生活。然而她沒有辦法讓自己那樣去

做，恐懼、自責壓倒了她，從集中營裏活過來的蘇菲，沒能戰勝自己，她聽從了死亡的召喚。相比之下，另一部災難影片《鐵達尼號》，卻讓人們看到了另一個結果：露絲在一場大劫痛失情人之後，選擇了新生。

這樣悲情的影片，賺取了多少人的眼淚。因為過失，因為執著，每個人都有傷心的理由。在人的一生中，誰敢說自己從沒犯過錯誤？就連拿破崙，這個不可一世的偉人，也在他所有重要的戰役中輸掉了三分之一，或許我們的平均紀錄並不比拿破崙更差。如果我們為打翻的牛奶哭泣，卻忘記每天都可以擠奶的奶牛；如果我們正在嚮往著天邊那座奇妙的玫瑰園，卻沒有注意欣賞開放在自己窗前的玫瑰。那是人生的悲哀。我們總是不能及早領悟：生命就在生活裏，在自己手中，在每天每時每刻中。是誰說過：如果你心中對這個世界充滿了不滿，那麼即使你擁有了整個世界，也會覺得傷心。

荷馬說：「過去的事已經過去，過去的事無法挽回。」

打翻的牛奶，恰恰使我們瞭解了：過去的已經過去，過去的歲月不可能再來一遍，光陰如箭，不容後悔。從過去的錯誤中吸取教訓，在以後的生活中不要重蹈覆轍，要知道「往者不可諫，來者猶可追」。

我們沒有魔法去改變那已過去並已註定了的事實，只能嘗試著放下那些沉重的包袱，放下自責、懊惱還有傷心，只能勸說自己別再試圖去收回那已流失的牛奶。那時曾經的我們，也經歷過很多坎坷與曲折，也做錯過很多的事情，也曾因為錯誤

而失去過一些美好的東西，可是我們不必再去為那些不可能會改變的錯誤，時時懊悔和折磨自己。如果我們能換位思考，它們就變成了財富，因為人生之路就是在不斷學習、不斷進取中延伸的。我們每天都要去面對一些新的事物，每時每刻都要面臨新的挑戰，如果能戰勝挑戰，那麼我們也就擁有了更多美好的時光，擁有了更多美好的事物，生活也將更加美好，更加幸福了。

有一位詩人曾說：「假如你還在為錯過昨天的太陽而後悔，那麼你將錯過今晚的星星和月亮。」所以只有調整心態，面對現實，爭取擁有一杯更純、更香的牛奶。

撕掉過去的標籤

生命是一次單程的旅行，你需要義無反顧地向前走，因為你無路可退。不要標榜自己曾經的善良，不要炫耀自己一度的輝煌，撕掉過去的標籤，向過去的自己說再見，告別曾經，活到現在。就像一位偉人說的那樣：「我之所以為我，是因為我站在前人的肩上，而後來者將要站在我的肩上。」

如果有人問你：你是誰？你對自己怎樣評價？你會如何自我描述呢？你是否會不自覺地使用一些長期積存的，附加於自己身上的「小標籤」？在你的答案中，是否經常用到類似於

「我⋯⋯」的自我描述語句？

　「我膽子很小⋯⋯」

　「我很懶惰⋯⋯」

　「我老是不認真⋯⋯」

　「我記性很差⋯⋯」

　「我沒有藝術天分⋯⋯」

　⋯⋯

　這些評價和斷語都是我們自己附加在自己身上的，心理專家稱之為「自我標籤」。現實生活中，我們很多人都在無形之中給自己貼滿這種標籤，時時刻刻地以此表明自己，使自己畏縮於這些「龜殼」之下。

　其實，自我描述性詞語本身並沒有什麼過錯，這樣我們可以更好地做出自我評價，更深刻地瞭解自己。但如果使用不當，或者過多使用否定或貶義的描述詞語，就會給我們造成心理損害，並有礙於個人的發展。而且給自己掛上一個小「標籤」，很容易成為我們不求進取的藉口。如果一個人必須按照別人給他設定的標籤生活，那麼他就會喪失自己的特點。同樣，自定標籤的後果也是這樣。如果我們不努力挖掘自己的潛力，而是自以為是地依照標籤生活，那就等於否定了我們自己。

　美國NBA球員巴特勒，有過很不光彩的歷史。像很多黑人球員一樣，貧窮、犯罪曾經伴隨他的生活。巴特勒說過：「打籃球不是壓力。」那麼對他來說壓力是什麼？壓力是看著自己

的單親媽媽，為了養活自己和弟弟而做兩份工作；壓力是在十四歲的時候，因為在學校裏持有可卡因和槍支被捕，而面臨十四個月的刑期；壓力是讓人相信自己能夠改過自新。巴特勒說：「當你把生活搞得一團糟，人家把你關在小房間裏，和大家都隔離開的時候，你真的需要好好反省反省自己的所作所為了。」傑梅爾在威斯康辛州，開辦了一個拯救失足少年的活動中心，他幫助巴特勒重新做人，他說：「巴特勒不是一夜之間就轉變的。他明白了要走上正路，必須有耐心。在街頭混，做一些驚天動地的事情可以讓你一夜成名，同時也能讓你一無所有。」

傑梅爾進一步打磨了巴特勒在監獄中培養起來的籃球基本功，巴特勒參加了AAU比賽，並在一次活動中贏得了最有價值球員稱號，當時的NBA球員達柳斯‧邁爾斯和昆廷‧里查德森，都曾經獲得過這一榮譽。雖然巴特勒吸引了全國大學的注意，但是很多學校因為他的前科而對他關閉了大門。但是吉姆和Uconn大學給了巴特勒機會，巴特勒在吉姆的嚴格調教下大放異彩，兩年後，也就是二〇〇二年，巴特勒進入了NBA。他說：「我不是壞人，以前也不是壞孩子。我只是做了一些非常、非常錯誤的決定。」

巴特勒的經歷曾經讓他被眾人看不起，使他一度自暴自棄，幸運的是他能夠改邪歸正、浪子回頭，摒棄以前的自己，重新做人。而很多想學好的孩子、想擺脫街頭暴力的孩子，卻沒有足夠的決心從過去抽身而出，認為自己就是這樣了，他們

擺脫不了過去的陰影，永遠帶著過去的標籤，永遠抬不起頭往前看。

每個人的自我標籤都來源於他過去的經歷。然而如桑德伯格所說：「過去只不過是一堆灰燼而已。」過去的所有「自以為」，會讓我們認為沒有必要去改變自己，使我們心安理得地保持現狀，「我一直這樣呀」，用對自己既定的評價來為自己辯護，當我們沒有別的理由為自己的錯誤做解釋時，有些人就會擺出這副架勢，一副我行我素的樣子，一副自以為是的德行。記住一句話：「別讓太多的東西捆住手腳，否則就只能被釘在框架裏。」

我們貼在自己身上的標籤，都是在迴避嘗試的過程中造成的結果，是在生活面前耍賴皮，是不負責任、不求進取的表現。

人生裏有很多東西是我們完全無法掌握的，也許就是佛家所講的「無常」。不要問對錯或者是非，「你去經歷而不要去分析」，想得太多，就會成為一種困擾，因為我們有太多過去，我們有太多經歷，我們對過去無從選擇，甚至不知對錯。別拿過去困擾自己，我們對過去不能執著，要學會摒棄，天地因你的豁達而更加寬廣。從此讓自己活出今天的精彩，不再管昨天的自己是如何的懶惰、如何的狼狽、如何的得過且過。不斷充實自己的生活，不斷用行動證明你不是那個樣子的。

撕掉過去的標籤，不要總認為自己是多麼的偉大或者渺小，不要總以為別人就是這樣的狡猾或者寬厚，給觀念徹底的

鬆綁，以全新的眼光看待周圍的事物。如果我們認定某一種觀念，就會讓自己被套牢，變得心胸狹隘。政治學裏說，要以發展的眼光看問題，告訴自己，所有的都是已經過去的，以後怎麼樣，那很難說。沒有人可以預測到未來，你不一定就是別人說的那樣，你不一定會像自己以前一樣。不要讓過去在自己身上留下痕跡，過每一天的自己，這是生活的智慧。

撕掉過去的標籤，並讓自己能夠偶爾脫離現狀，看清楚自己的位置，「退步原來即是向前」。生活中很多時候是必須看清自己處在什麼位置的，給自己一個新的定位，重新認識自己，重新開始你的事業，開始你的感情。無論是在現實還是在夢想中，都告訴自己要破繭成蝶。人生需要太多毅然決然的放手，這才是對自己負責的態度。當我們換個自我認定，很可能就此超過了過去貼在身上的一切標籤，這樣我們就會發現一個完全不同的我。

不是不想承認過去的自己，而是不想讓過去的自己，就這樣否定今天的自己和明天的自己。所以只有先拋開過去，在行動中證實自己。

放棄過去，擁有明天

不會放棄過去的人，就不會擁有全新的自我，不會擁有屬於自己的明天；只能在苦苦堅持中痛苦，在糾纏不清中錯過人生的精彩，在躑躅徘徊中迷失自己的本能。

但放棄過去是一種艱難的選擇，在這個競爭激烈的社會，無論是為了我們的生活，還是為了我們的理想、信念，若能做到真正的放棄過去，更是難能可貴。學會放棄，讓傷心隨風而逝，從此快樂相隨……

放棄過去是一種坦蕩的心境，是一種大度的氣概。放棄過去是這樣一種選擇：既是遍歷歸來的路，又是重登旅程的路；既是對過去反省三思的路，又是對未來滿懷憧憬的路。

不會放棄過去的人，總將生活中的不如意纏繞在心靈的枝幹上，就像冬天的濃霧，揮之不去。一味地自怨自艾、自暴自棄，於是青春美麗的容顏與悠悠歲月擦肩而過，如風過竹林、雁過長空，恰似蘇東坡的一聲長歎「事如春夢了無痕」。

懂得放棄的人，對任何人和事不會太過苛求，竭力用溫情、柔雅、大度營造一種溫馨，在蕩漾著充滿愛意的生命中，舒展一下疲憊的心，是多麼的愜意與幸福！懂得放棄的人，是靜下心來當一回醫生，為自己把脈。重新點燃自信的火把，照亮人生中的交叉口，然後選定前行的路。因此去努力吧，掌握

一門專長，多看一些奮發奮進的書籍，開闊視野，蕩滌一下容易浮躁的心靈。

生活就是苦樂相伴、悲喜交加、得失相隨，擁有一顆豁達、開朗的心，就會使平凡暗淡的生活變得有滋有味、有聲有色。

有一位名叫麥克的英國青年非常熱衷於詩歌，雖然一直默默無聞，但他還是發誓要成為一名最偉大的詩人。

有一天，麥克在自家的花園裏散步，一陣強風吹過樹梢，樹上的鳥窩被紛紛吹落在地上。正當他對著地上的鳥窩傷感沉思時，卻發現兩隻小鳥已經開始在枝頭另築新巢了。

麥克頓時喜上眉頭，剎那間悟透了生命的意義，珍愛生命就必須學會放棄，一個「窩」被毀了，我們要做的只是再建一個。

於是麥克不再執迷不悟，開始投身企業。幾年後他成了一名成功的企業家，當上了英國成功者協會的主席。

這樣想來，對成功的渴望不僅僅在於對理想的執著，更多是在於果斷而及時地放棄。

漫漫人生路並非一馬平川，難免有磕磕絆絆。我們學會了競爭，學會了佔有，而很少有人真正學會了放棄。此路不通，換一條走走，總有一條會適合自己，總有一條可以通向成功。當你以一副義無反顧的架勢，艱辛地在一條路上跋涉的時候，也許另一條路上正在鮮花開放，笙歌四起。

學會了放棄，才是真正地學會了佔有，學會了競爭，學會

了生存。陶淵明「不為五斗米折腰」，離開了腐敗的封建官場，這是潔身自好的放棄。

放棄是意志的昇華，是精神的超脫，是一種高深的境界。學會了放棄的人是真正的大智大勇。人生其實只是一段路，從這頭走到那頭，可以哭、可以笑，卻沒有停止的理由。經歷了重重磨難，經過了大悲大喜、大起大落，才會真正明白放棄的內涵。學會放棄，放棄對名利的追求，放棄對金錢的索取，退一步，不會是永遠的失敗，卻可能是海闊天空、柳暗花明。

放棄需要有「敢冒天下之大不韙」的魄力。當然放棄要面對各種壓力，或來自社會，或來自世俗。

放棄不是「輕言失敗」，不是遇到困難阻礙就退卻、屈服，而是迎難而上的另一種方式，是急流勇退的最好表達。放棄遙不可及的幻想，放棄孤注一擲的魯莽，多幾分冷靜和沉著。「山重水盡疑無路，柳暗花明又一村。」再回首時，才會發現，曾經的放棄是多麼明智的選擇。

放棄行囊，是讓自己輕裝上陣。短暫的放棄和長久的擁有，得與失之間就是如此在回流。因此不會放棄的人已經在不知不覺間放棄了太多。固守著一寸土地，牢牢護衛著一朵快要枯死的花兒，時間慢慢地流走，思想在寂靜中凝固成一堵磚牆，最終你只能看到凋零的一抹枯黃。須知天涯何處無芳草，何必為了一朵花而放棄滿園芬芳呢？

情緒整理術

❶ 不管過去是輝煌還是失意，都不要一味沉湎，別讓往事擋住你的視線。把目光放遠一點，學會高瞻遠矚，學會放棄昨天，逃離昨天，逃離過往。

❷ 放棄行囊，是讓自己輕裝上陣。

❸ 榮華富貴，無非過眼雲煙。人來到人間，大千世界有無窮誘惑，要用平靜的心態去處理。

❹ 記住被打翻的牛奶已是事實，不可能重新裝回瓶子裏了，我們唯一能做的就是吸取教訓，然後忘掉這些不愉快。

❺ 撕掉過去的標籤，並讓自己能夠偶爾脫離現狀，看清楚自己的位置，給自己一個新的定位，重新認識自己，重新開始你的事業，開始你的感情。

欣賞殘缺，
世上沒有十全十美

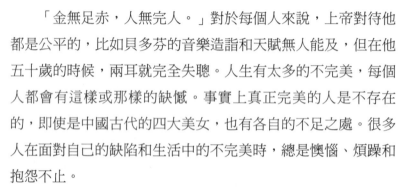

接受生活中的不完美

「金無足赤，人無完人。」對於每個人來說，上帝對待他都是公平的，比如貝多芬的音樂造詣和天賦無人能及，但在他五十歲的時候，兩耳就完全失聰。人生有太多的不完美，每個人都會有這樣或那樣的缺憾。事實上真正完美的人是不存在的，即使是中國古代的四大美女，也有各自的不足之處。很多人在面對自己的缺陷和生活中的不完美時，總是懊惱、煩躁和抱怨不止。

事實上，每個人都是上帝的天使，只是在降落人間的時候遭遇到了不如意。雖然說人生總會發生些難以預料的事情，但這卻不是上天的責任。面對生活中的不完美、不如意，我們既不能放棄自己，也不能苛求自己更完美。我們所能做的就是要勇敢接受自己不完美的現實，不抱怨、不懊惱，懷著一顆包容的心，看待生活帶給我們的不如意。在輕鬆、滿足的環境中，我們才能生活得更好。刻意的追求只會讓我們的生活越來越糟糕。

有一個老人活到七十歲的時候仍然孤身一人。並不是他不想結婚，而是因為他一直都在尋找著一個在他看來十分完美的女人。

當有人問他：「你活了幾十年，走了那麼多地方，始終在

尋找，難道你沒能找到一個完美的女人嗎？」

　　這時候老人非常悲傷地說：「是的，有一次我碰到了一個完美的女人。」

　　那個發問者說：「那麼為什麼你們不結婚呢？」

　　老人傷心地說：「沒辦法，她也正在尋找一個完美的男人。」

　　「沒有最好，只有更好。」事實上，生活正是如此。那些追求完美的人，被害怕失敗的焦慮、壓力束縛住了手腳，他們固執、刻板，不僅給自己，也給他人設定了一個很高的標準，非要達到不可，受到挫折就感到很痛苦，不能接受。他們往往接受不了自己或他人的弱點和不足，甚至會因為一些小缺點而忽略了所有優點。

　　事實上，每個人都有缺點和不足，都會有緊張、不適的體驗，這是正常的表現，必須學會接受它們，順其自然。如果非要和自然規律抗拒，必然會愈抗愈烈。所謂「世界並不完美，人生當有不足」。留些遺憾，反倒可使人清醒，催人奮進，反是好事。

　　布思·塔金頓是二十世紀美國著名小說家和劇作家，他的作品《偉大的安伯森斯》和《艾麗絲亞當斯》均獲得普利茲獎。他總是說：「人生加諸我的任何事情，我都能接受，只除了一樣，就是瞎眼。那是我永遠也沒有辦法忍受的。」

　　命運常常拿很多人開玩笑，就在布思·塔金頓六十歲的時候，他患了白內障，視力在減退。剛開始的時候，他的一隻眼

睛幾乎全瞎了。他最怕的事情終於發生了，最後他雙目失明。對瞎眼「那是我永遠也沒有辦法忍受的」，布思‧塔金頓沒有因此而抱怨不止，也沒有從此一蹶不振，他自己也沒有想到他還能覺得非常開心，甚至於還能善用他的幽默感。

當塔金頓完全失明後，他幽默地說：「我發現我能承受失明，即使是我五種感官全喪失了，我還能夠繼續生存在我的思想裏，在思想裏看，在思想裏生活。」

布思‧塔金頓沒有因失明而害怕，他知道自己沒有辦法逃避，唯一能減輕他痛苦的辦法就是包容痛苦，並爽快地去接受它。他盡力讓自己去想他是多麼的幸運，他說，「現在科學已經如此進步，能夠為人的眼睛這麼纖細的東西動手術了。」

這件事使布思‧塔金頓瞭解到，生命所能帶給他的沒有一樣是他不能忍受的，正如富爾頓所說：「瞎眼並不令人難過，難過的是你不能忍受眼瞎。」

我們所要做的就是要接受不完美，包容不完美，並學會忍受生活帶給我們的不完美。不要因為不完美而恨自己，完美有很多的朋友，他們沒有一個是十全十美的，我們有很多偶像、榜樣，同樣，他們也沒有完美的。那些偽裝完美、追求完美的人，其實正在拿自己一生的幸福開玩笑。

勇敢去面對缺陷

　　生活中總有一些人，尤其是一些身體有缺陷的人，認為別人所有的種種幸福是不屬於他們的，以為他們不能與那些身心健康、知識淵博的人相提並論，總以為從此以後世界上種種最美好的東西就與自己無緣了，從此開始自暴自棄，陷入自卑自憐中。

　　有個女孩唱歌動聽優雅，但遺憾的是她卻長著一口暴牙，十分難看。

　　一次，她參加了歌唱比賽。當她在臺上表演時，總是有意識地去掩飾自己難看的牙齒。如此一來，她的表演讓評審和觀眾都覺得好笑，結果她的歌唱比賽失敗了。

　　賽後，一個音樂人找到了這個女孩，然後很認真地告訴她：「妳會成功的，但是妳必須忘掉妳的牙齒。」

　　慢慢地，女孩忘記了自己長著暴牙的生理缺陷。在一次全國大賽中，她極富個性的表演，令所有的觀眾和評審都為之傾倒。她終於脫穎而出。

　　這個女孩就是美國著名的歌唱家——卡絲・黛麗。她的暴牙與她的名字一樣響亮，甚至代表了她的形象，成了一種美麗的象徵。

　　其實在這個世界上沒有任何一個人是完美的。世上的每個

人都如同被上帝咬過一口的蘋果，他們都是有缺陷的。因此要學會包容自己的缺陷，勇敢地面對自己的缺陷，並將這些缺陷化作自己前進的動力。

「上帝，為什麼要這樣對我？難道是我做錯了什麼嗎？我看不到樹木、看不到小鳥、看不見顏色，我什麼都看不見，我還能幹什麼？」當喬治雙目失明的時候，他常常這樣悲傷地問自己。

每個親人、朋友以及許多好心人，當他們知道喬治雙目失明之後，都細心地關懷他、照顧他——當他過馬路的時候，也會有人來攙扶他；當他坐公共汽車的時候，總是有人為他讓座。但喬治把這一切都看成是別人對他的同情和憐憫，他不願意一直這樣被同情、憐憫。

直到有一天，一件事情改變了喬治悲觀的人生態度。那天，他來到了附近的教堂裏，萊恩神父親切地對喬治說：「世上每個人都是被上帝咬過一口的蘋果，都是有缺陷的。有的人缺陷比較大，因為上帝特別喜愛他的芬芳。」

「我真的是上帝咬過的蘋果嗎？」喬治疑惑地問萊恩神父。

「是的，你不是上帝的棄兒。但是上帝肯定不願意看到他喜歡的蘋果，在悲觀失望中渡過他的一生。」萊恩神父輕輕地回答道。

「謝謝你，神父，您讓我找到了力量。」喬治高興地對神父說道。從此他把失明看做是上帝的特殊鍾愛，開始振作起

來。

　　事實上，許多先天有缺陷的人之所以能取得成功，關鍵就在於他們能夠接受包容自己的缺陷，包容促使他們把缺陷轉化成為奮鬥的動力。世界上沒有十全十美的東西，也沒有十全十美的人。有缺陷的人並非是一個無用的人，缺陷只是一個方面，每個人都可以在另一方面發現自己的優勢。就像盲人歌手蕭煌奇一樣，唱出最優美、最動人心弦的歌聲。

　　沒有人是完美的，每個人都會有缺陷，千萬不能「破罐子破摔」，只要學會包容缺陷，用心珍惜，揚長避短，人生的另一面照樣可以盛開花一樣的美麗。

　　賴斯利說：「人生的意義不在於拿到一副好牌，而在於怎麼樣打好一副爛牌。」缺陷不一定都是壞的，有可能就是我們的長處和優點。只要會利用，可能還會給我們帶來意想不到的收穫。因此要正視缺陷，包容缺陷。艱苦的日子總有結束的時候，心中充滿希望，並繼續為生活而努力的人，才能享有新的生命。

缺憾能幫助我們創造美

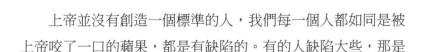

　　上帝並沒有創造一個標準的人，我們每一個人都如同是被上帝咬了一口的蘋果，都是有缺陷的。有的人缺陷大些，那是

因為上帝特別喜歡他的芬芳。

美國第二十六任總統希歐多爾・羅斯福八歲的時候，有著一副非常「抱歉」的面孔，一副暴露在外、參差不齊的牙齒，那種畏首畏尾的神態，不管是誰看見了，都覺得好笑甚至是嘲笑。當他在教室裏被老師叫起來背書時，更顯得侷促不安，他的呼吸急促得好像快要斷氣了，兩腿站在那裏直發抖，牙齒也顫動得像要脫落下來一樣。他背出的句子含糊不清，幾乎沒人聽得懂，背完後，便頹然坐下，就像是疲憊不堪的戰士，突然獲得了休息。

也許你以為他一定會性格內向、文靜怕動、神經過敏、不喜交際、常常自怨自艾，但是你完全錯了，他沒有因有了種種缺陷而氣餒，反而因為有了這些缺陷而加緊了他的奮鬥，這種奮鬥並不是誰都能做到的。他經過長期的堅持和學習，才把那常常被人鄙視的氣喘改成一種沙聲，把齒唇的顫動和內心的畏縮，改成卓越的口才和自信的行動。

缺陷造就了羅斯福一生的奮鬥精神，這無疑是他經營一生偉業最可貴的資本。絕不把自己看做是一個懦弱無能的人，當他看見別的孩子在操場上嬉笑、跳躍、東奔西跑、做著種種激烈的運動時，他也踴躍參加，從不退讓。他也能和大家一樣騎馬、賽球、游泳、競走，而且常常名列前茅，成為業餘的運動家。他常常以那些堅定勇敢的孩子們為榜樣，自己也常常體驗冒險的精神，勇敢地對付種種惡劣的環境。當他和別人在一起時，他總是用親密和善的態度去對待任何同伴，主動與他們接

近。這樣一來，他即使有著內向的自憐心理，也被自己的行動克服了。他深知上帝從來沒有創造一個標準的人，只要自己心境舒坦快樂，一切事物都將順利得好像預先安排好的一般。

在他升入大學前，就經常自我鞭策，用有規律的運動和生活，恢復了他的健康。他使自己一改以前的懦弱，變成精力超眾、強健愉快的人了。他常常趁假期之暇，到亞歷山大去追逐牛群、到洛杉磯去看熊、到非洲去看獅子，他那種勇敢強壯的姿態，誰還會想到他就是曾在學校裏受窘的那個小學生呢？

羅斯福因為有缺憾，才有了奮鬥的動力，才有了堅韌的毅力，這一切，又給他帶來了人生的轉機，缺憾成就了他一生的功名。事情往往如此，越是有缺陷的地方，卻容易迸發勃勃的生機。

沙漠乾旱無比，為生物的生存帶來極大的危機，然而有一種植物很像草，它頑強地生活在沙漠中，它的生命力很強，即使曬乾多年後，再把這根乾草拿出來泡在水裏二十四小時，它又會活過來。科學家們給這種普通的草取名為「沙漠玫瑰」，認為它是一種最美麗的植物。

人類也是如此，一個人的身上可能同時存在著缺陷和美麗。貝多芬耳聾之後，音樂創作有了質的飛躍，譜寫出了《英雄交響曲》這樣純精神的音樂；大陸的張海迪、美國的海倫・凱勒，她們都有殘疾，但她們依靠自己的頑強意志奮鬥拼搏，取得了令人矚目的成績。她們的身體是殘缺的，可她們的心靈、她們的精神是高尚的，她們的人生因缺陷而更加美麗。

如果缺陷已經屬於自己，我們就應該正確地面對它，不必太在意自己身體上的這種缺陷，把精力都放在自己該做的事上，並且積極進取，使自己更充實。人的一生或多或少都存在著缺憾，有殘缺沒有關係，可怕的是不思進取，那樣才是永遠的缺憾。

對於身體的缺陷，我們可以在心靈上進行彌補，讓自己更有內涵。我們無法使自己外貌完美，但我們絕對有能力使自己內心完美。我們要擁有一顆晶瑩剔透、美麗善良的心，做一個開朗、善良的人，只有如此，才不會讓缺陷和完美顛倒黑白。

記得一部電影中有這樣一幕，女主角問她又啞又盲的男朋友有什麼優點的時候，那男孩快樂地指了指自己的眼睛和嘴巴，兩個人都笑了，他們心裏都很清楚，儘管他有些不幸，可他比任何人都堅忍、善良、樂觀、熱愛生命，這又何嘗不是另外一種美呢？上帝的確是公平的，一個人有什麼缺陷，他就一定會在其他方面比別人多一個優點，只要他的心態是積極的、向上的。

缺憾並不是人生的悲劇，只要能夠放棄那種悲劇心態，缺憾就能幫助我們創造美、成就美。

情緒整理術

❶ 接受不完美，包容不完美，並學會忍受生活帶給我們的不完美。不要因為不完美而恨自己。

❷ 儘管我們自己並不完美，但這個世界本身就是不完美的。我們必須學會自我欣賞、自我品評，學會在無人喝采的時候能照樣前行，而且行得更好。

❸ 一個人有什麼缺陷，他就一定會在其他方面比別人多一個優點，只要他的心態是積極的、向上的。

❹ 不管對於事情的結果如何在意，偶爾也該放過自己，畢竟完美是不存在的。

摒棄悲觀，
找回自己的快樂主權

擺脫悲觀，迎接陽光

悲觀情緒由精神引起，且又會影響到組織器官，有一個真實的故事可以證明這一點。一位運輸工人意外地被鎖在一個冷凍車廂裏。他清楚地意識到：他是在冷凍車廂裏，如果出不去，就會凍死。不到二十小時，冷凍車廂打開了，那位工人死了，醫生證實是凍死的。可是仔細檢查了車廂，冷氣開關並沒有打開。那位工人確實死了，因為他確信，在冷凍的情況下是不能活命的。所以在極端的情況下，一個極度悲觀的人會導致死亡。

失敗者通常有一個悲觀的「解釋事物的方式」，即悲觀者遇到挫折時，總會在心裏對自己說：「生命就這麼無奈，努力也是徒然。」由於常常運用這種悲觀的方式解釋事物，無形中就喪失鬥志，不思進取了，看待事物也就會從不好的一面去看。

樂觀者與悲觀者在爭論三個問題。

第一個問題：希望是什麼？

悲觀者說：是地平線，就算看得到，也永遠走不到。

樂觀者說：是顆明星，能告訴人們曙光就在前頭。

第二個問題：風是什麼？

悲觀者說：是浪的幫兇，能把你埋葬在大海深處。

樂觀者說：是帆的夥伴，能把你送到勝利的彼岸。

第三個問題：生命是不是花？

悲觀者說：是又怎樣，謝了也就沒了。

樂觀者說：不，它能留下甘甜的果。

突然，天上傳來一個聲音，也問三個問題。

第一個：一直向前走會怎樣？

悲觀者說：會碰到坑坑窪窪。

樂觀者說：會看到柳暗花明。

第二個：春雨好不好？

悲觀者說：不好！野草會因此長得更多！

樂觀者說：好！百花會因此開得更豔！

第三個：如果給你一片荒山，你會怎樣？

悲觀者說：修一座墳墓。

樂觀者說：不！種滿綠樹。

就這麼你一言我一語，針鋒相對，只不過他倆都不知道，在空中提問的是上帝。

他們更不知道，就因為這場爭論，上帝給了他們兩樣不同的禮物。

給了樂觀者勇氣，給了悲觀者眼淚。

那麼你呢？你是哪一個？

悲觀者的悲觀性格並非「命中註定」，而是「後天養成」的，人類的悲觀是學習得來的。

有科學家做過這樣一個實驗，把三組狗分別放在不同的籠

子裏，一組可以用自己的行為控制科學家給出的電擊，幾秒鐘之內它們發現跳過籠子裏面的柵欄，就可以逃避電擊；而另外一組狗即使跳過去，柵欄的那邊也還是有電擊的，也就是說，無論它們做什麼都不能逃脫電擊。第三組是正常的，從未受到電擊的狗。

然後科學家把這三組狗都放到可以逃避電擊的籠子裏，第一組很快就跳過了柵欄逃避電擊，第三組也很快發現了這個秘密，只有第二組的狗沒有跳，停留在籠子有電流的這一半，沒有試著逃避。

顯然，動物可以通過學習知道它們的行為是無益的。因此它們變得被動，不再主動去做任何事情。有人把電擊改成了噪音，以這種模式轉移到人的身上，也發現了同樣的結果——人也學習到了悲觀和被動，受到一點打擊就覺得永遠不能逾越，再也不試圖去改變。

悲觀不是天生的，那就有改變的可能。事實上，悲觀者可以改變悲觀，學成樂觀。「思維心理學」大師史力民博士指出化悲觀為樂觀的三個原則：

01 不要擴大事態

如果你做一椿生意失敗了，不要說：「所有生意都難做，以後還是收山好了。」你要對自己說：「這一椿生意失敗了。我學到了些什麼呢？我下一次應該怎樣才能避免犯同樣的錯誤呢？」

02 不要「人」與「事」混淆

當一件事失敗的時候，不要說：「我是失敗者。」這樣你便將「事」與「人」混淆了。你要對自己說：「我做這件事總有不當的地方，才出了這麼大的錯。我下次該怎樣做才合適？」

03 不要誇張渲染

當有不如意時，別老是對自己說：「我時時都是倒楣的。」這是不可能的！你要對自己說：「似乎很多時候我做事都不大如意，到底原委何在？」

心理學家發現，悲觀主義者眼睛往下看時，他們的大腦工作很慢；樂觀主義者向上看時，他們的大腦會轉得更快。也就是說低頭想問題容易滋長人的悲觀情緒；而抬頭想問題則有助於人們進行樂觀的思考。

這一發現表明，因痛苦而引起的典型的畏怯表情，確實會對人起作用，他們也許有悲觀的思想，但是如果他們抬頭向上看的話，就不會那麼悲觀地思考問題了。所以在想問題時把你的頭抬起來，走出悲觀的陰霾，獲得堅實、理性的樂觀。

培養樂觀的個性

美國著名成功學家卡內基認為：「如果你性格樂觀，你的生活必然充滿快樂；如果你心存悲觀，你就會認為事事悲慘；如果你覺得恐懼，就會感到鬼魅在身旁窺伺；如果你老覺得身體不舒服，就會致病；如果你認為事情不能成功，則註定失敗；如果你陷於自憐狀態，必定會被親友疏離。」所以當我們被惡劣的情緒困擾的時候，怨天尤人是沒有用的，要做的是儘快地調整我們的情緒，擺正我們的心態。

蕭乾在《未帶地圖的旅人》一書中說：「面對人生，我們別無選擇，只有選擇樂觀。」生活中有讓人快樂的事，也難免會有痛苦的事情發生，從而不可避免地會遇到種種消極情緒的困擾。熱情開朗性格的人，通常都非常樂觀，對現實的態度通常是冷靜的、客觀的、主動的，他們不會否認事實，而是能夠看到現實中不利的因素，並且知道自己的弱點和優勢，他們對於自己樹立的目標總是信心百倍，並付出所有的精力來追求目標。一般而言，人生中的許多事情是我們能夠做到的，只是我們不能發現自己性格中的優點，對自己能否做到，沒有足夠的信心。其實當我們一旦發現了自己的長處，只要加以發揮並堅持不懈，勝利很快就會出現在眼前。

蘇東坡的仕途之路異常坎坷，在四十二年的官宦生涯中，

三分之一的時間是在「下放」中渡過。但是他並沒有自暴自棄，放浪不羈，而是將一腔悲憤化作了文學創作的動力，寫下了《念奴嬌‧赤壁懷古》等流傳千古的詞作。

蘇東坡在流放中，心中雖然煩悶，卻沒有無所事事，反而事必躬親，進而培養了耕地、烹調的愛好。最典型的是蘇東坡在下放黃州、惠州期間，留下了二十多種與他有關的菜肴，如東坡肉、東坡鯽魚、東坡豆腐等，這些菜品至今還被人們津津樂道。

蘇東坡最後一次流放到儋州時，已六十二歲高齡。史書記載，蘇東坡當時是抬著棺材去的，怕自己在當地待得太久，不能活著回來。他的樂觀造就了頑強的生命力，促使他在惡劣的環境中一次次地挺了過來。

樂觀在人際交往中所發揮的作用是不容輕視的。樂觀的人對身邊的人的看法同樣是積極的、信任的，因而樂於和別人交朋友，他們都有較好的人緣。樂觀的人還具有一種巨大的感召力，能使他們身邊聚集著一大批有志之士。生活中人們喜歡聚集在樂觀的人身邊，他們昂揚鬥志、樂觀的個性和永不止息的精神，會鼓舞、引領著每一個人向前走，到達自己的夢想之地。無論什麼時候，身邊總有很多和他們一樣志向遠大的朋友在幫助他們、激勵他們，從而更快地達成自己的目標。

同時，樂觀的人還是最無私的人，他們不僅努力實現自己的理想，還盡力鼓勵和幫助他人走向成功。樂觀的人善於處理各種複雜的人際關係，不管對方是什麼個性的人，他們總能看

到別人的長處，設法利用這些長處，讓這些人體會到自身的價值，從而努力地工作。如果一個悲觀低沉的人經常和樂觀的人在一起，也會因受他們樂觀個性的感染和持續不斷的鼓舞，而獲得力量和靈感，從而改變個性，成為一個樂觀積極、奮發向上的人。

　　樂觀能使人幸福、健康，容易取得成功。相反，悲觀則導致絕望、病態及失敗，悲觀常常和沮喪、孤獨聯在一起。因而心理學家認為：「要是能引導人們塑造樂觀積極的性格及思想，就能預防很多的精神疾病。」拿癌症患者來說，思想樂觀者在面對死神的威脅時仍能鎮定自若，充滿信心和勇氣，恢復情況往往要比其他患者好。這是因為樂觀通達的性格，能令患者減少不必要的惡性病變，減少復發的可能性；而悲觀、憂鬱和消極的性格，將極大地削弱人體內的自然免疫功能，造成惡性循環，如果患者愛鑽牛角尖，悲觀厭世，根本談不上珍重自己，也就承受不起任何生活上的考驗。

　　總之，擁有樂觀開朗的性格，能夠使你的人生更加通暢，生活更加幸福美滿。因此每個人都應保持樂觀的心境和性格，對人生充滿信心，發揮自己的力量，在人生的旅途中，收穫一個樂觀幸福的人生。

收回自己的快樂主權

人常說：「世間不如意事十之八九。」這句話很恰如其分地說出了生活中我們所經歷的事，有絕大多數都是不讓人滿意的。

在學校裏，和你考試分數一樣的同學得了獎學金，你卻連提名的機會都沒有；在公司裏，同事們紛紛升職，而工作努力的你卻被降職，只因為你偶爾一次做錯了一件小事；在家裏，老婆為一件微不足道的小事數落了你一小時；在計程車上，你一不留神把手提包忘在車裏面了，更倒楣的是這次你竟忘了拿收據，找都沒地方找。不僅如此，你的電腦還總是在你工作最要緊的時候突然壞掉；你的手機總在關鍵時候沒電；老婆大人總是在你玩得最開心的時候打電話查你的勤；好不容易決定出去旅遊兩天，放鬆一下心情，卻在出發的半路上下起大雨來，毫無準備的你只好打道回府，又陷入了罕見的堵車中……

面對這些我們沒有權力、也沒有能力去改變的現狀，彷彿我們能做的只能是「心安理得」地接受著這些來自各方面的壓力。讓這些無法改變的「壞事」，一點點奪走我們快樂的心情，我們也覺得為這些事情生點氣，是非常合情合理的，甚至作為一種對善惡的評價標誌。於是我們總是抱怨生活不盡如人意，上帝不夠愛我們，總是讓我們不快樂……

可是你不快樂，真的是上帝的錯嗎？

有一位老人，每天總是高高興興，臉上永遠都保持著微笑。有人問老人是如何保持這種快樂心情的，是不是有什麼神奇而特別的秘訣？老人說：「如果說有秘訣的話只有一個，每天早晨，我睜開眼便給自己兩個選擇，一個選擇是快樂地過這一天，另一個選擇是不快樂地過這一天。我當然選擇前者了，所以我每天都過得很開心。」

看來，當你決定快樂時，不管發生什麼事情都是可以快樂的。美國暢銷書《如何快樂》的作者心理學博士凱倫‧撒爾瑪索恩說過：「我們的生活有太多不確定的因素，你隨時可能會被突如其來的變化擾亂心情。」與其隨波逐流，不如有意識地培養一些讓你快樂的習慣，隨時幫助自己調整心情。

傑克和妻子莫茜開著他們的新車，去德州和父母一起過耶誕節。一家人過得很愉快，所以兩個人在很晚才開車往回走。他們在深夜抵達家門時兩人都已經累極了，於是只把車放在門口就上樓洗澡睡覺了。

就在那個晚上，倒楣的事發生了，有一個偷車賊在半夜把他們的車悄悄地開走了。早上，他們起床梳洗後決定把放在車裏的東西卸下來，可是當他們打開前門時，卻發現停車道上並沒有車子！莫茜和傑克面面相覷，目瞪口呆。兩人四處找，並沒有找到。

悵然所失的傑克只好拿起電話報了警，員警先生保證他們有百分之九十八的機率，在二十四個小時內找回他們的車。接

下來的幾小時，莫茜一直打電話詢問失車的情況。

「我們還沒找到，莫茜女士，但現在仍有百分之九十四的機會找到。」

又過了幾個小時，莫茜又打電話問。

他們再次回覆：「我們還沒找到，不過八小時內還是有百分之九十的尋獲率。」

一天的毫無音信，使莫茜漸漸變得煩躁，開始埋怨傑克昨天的大意。

但傑克卻像沒事兒似的，還不斷地說笑話。

充滿焦慮與挫折感的莫茜問傑克：「我們的新車和裏面的東西都丟掉了，你怎麼還有心情開玩笑？」

傑克看著她，說：「親愛的，我們的車被偷這已經是事實了。我們可以因丟了車而選擇煩惱，也可以選擇快樂。那我們為什麼不選擇讓自己快樂，而非要雪上加霜讓不快的事情更加不快呢？」

莫茜聽了覺得也有道理，就開始著手做別的事，把丟車的事拋在了腦後。

五天後，他們的車終於找回來了，不過車上的東西無影無蹤，車子的損壞也超過三千美元。但畢竟是找到了自己的車，傑克感到十分高興，在開車回家的路上，不幸的是他又撞上另一部車，造成了另一筆三千美元的損失。

傑克頓時沮喪極了，他站在車道上看著車，一邊抽煙一邊生悶氣，責怪自己樂極生悲撞了別人的車時，莫茜來了。她走

向傑克，看了車，又看著丈夫，說：「親愛的，我們現在有一部撞壞了的車，現在我們可以選擇煩惱，也可以選擇快樂。總之，我們有一部撞壞了的車，所以我們不如選擇快樂吧。」

傑克從心眼裏笑出聲來並舉雙手贊成，就這樣面對著一個糟糕透頂的局面，他們一起享受了一個美妙的夜晚。

看來，煩惱一定是由不快的事情帶來的，而快樂並不全是因為愉快的事而引起的。任何事情，你既可以從好的方面理解它，也可以從不好的方面理解它，快樂或煩惱也由此而生。所以說快樂與事情本身並無必然關係，關鍵在於你的理解方式。

美國學者馬爾登也說過：「不安和多變，是形容現代生活的貼切詞語。我們必須面對不安的生活，使我們的船駛過人生的險道——否則的話，就只有退回子宮，恢復妄想和苦悶。因為能為我們擔保的東西很少，但我們卻可以選擇自己對待不順心之事的態度，讓生活的各種狀況都變得更滿意。」所以當我們遇到不愉快的事時，不妨選擇快樂，往好處想，不要因那些紛紛擾擾而自亂陣腳，壞了自己的好心情，更不要心生煩躁、憂慮、焦灼，要保持內心的寧靜，不要為那些你無法改變的瑣事煩惱，多一些對快樂的選擇，把你的精力用在更積極的地方。

怎麼做才能擁有快樂

有一家外資企業的主管，在這家公司工作了近三年，她工作非常努力，老闆對她非常滿意，但忙碌的工作並沒有讓她覺得快樂，她甚至不知道自己更喜歡做什麼。

有一次，一個朋友請她幫忙寫一篇小文案，她本來覺得自己很忙想推辭掉，但朋友幾次三番地請求，她實在不好拒絕，便在某個下午抽出空來，安靜地聽著音樂，突然覺得靈感大發，很快一篇獨具匠心的文字稿就寫好了，她一邊讀，一邊感受那美麗而奔放的文字意境，覺得心情格外舒暢……

她很驚訝，每一次發現自己在寫這些文字的時候是那麼快樂，心裏充滿了巨大的滿足感，簡直比她曾做過的一切事情都有意思。

這位主管找到了自己的快樂點，於是她便常常幫朋友做一些文案，不僅賺到了不少外快，還從中得到了很多快樂。

你呢？你是不是有過做一件事感到非常快樂的時候？你知道自己的快樂點嗎？如果還沒有，那麼趕快去嘗試一些與現在不同的事情吧，去感覺自己的內心，主動尋找更多的快樂。

有人對一百個人進行過「做哪些事情會讓你覺得快樂」的調查，發現以下事情的得票率相對較高。

(1) 好好地睡一覺。養足精神，良好的精神面貌和充沛的

體力，讓你看上去活力四射，你自己也會覺得比平時更有自信處理好所有的事。

(2) 去過一天和你平常完全不同的生活。如果你平時習慣早睡早起，偶爾可以嘗試一下賴床的感覺，或者相反。如果你平時都喜歡在家裏做飯，偶爾可以到外面吃一頓有點新意的菜，或者相反。如果你平時不化妝，可以嘗試化一點淡妝出門，或者相反……這樣做會讓你對生活有另一種截然不同的認識，說不定會發現什麼驚喜。

(3) 與水親近。被水包圍的感覺容易使糟糕的心情軟化，有利於人擺脫煩惱，身心舒展。比如游泳可以讓人感到很放鬆、很放縱，從而緩解和釋放壓力。當然划船、泡溫泉、泡熱水澡，也是很好的選擇。

(4) 隨時替自己創造一些容易實現的願望。比如存夠十萬塊錢、寫一篇三千字的小說、讀完四大名著、給自己買一條名牌裙子、學會做幾道菜等等。

(5) 給遠方的父母或親戚打個電話，寫一封郵件或者發一封電子賀卡，並想像他們接到電話或郵件時的表情。與朋友打電話通郵件，聊聊最近的生活，不僅能幫助你放下心裏的事情，還能幫助你拾起被遺忘的親情或友情。而接到郵件或電話的朋友，說不定會因此有驚喜，對你表示出極大的友好，你也會因此感到快樂。

(6) 適度的運動使你感到身體裏熱血沸騰，筋骨舒暢，心

情愉快。

(7) 對迎面走來的所有認識的或者面熟的人微笑。用發自內心的微笑和人們打招呼，你將得到相同的回報，你在帶給別人好心情的同時，也為自己迎來了好心情。

(8) 給別人一個驚喜。當我們這麼做時，對方一定會很高興，你也會因此非常有成就感，覺得自己做了一件大好事。

(9) 偶爾吃一頓大餐。吃一頓大餐的美妙在於不僅能享受到美味可口的食物，還能讓你有「食物如此美好、生活如此美好」的感覺。

(10) 約幾個老朋友聚會，一起回憶那些曾經使你們感到快樂的事。小時候的惡作劇、學生時候的糗事、某個讓人發笑的老師、大家一起看過的某個電影、電視情節、剛剛步入社會的小錯誤、家裏發生的小誤會、小插曲等，都可以成為你們的話題，看到某一個人笑得前仰後合，相信在場的每個人都不會無動於衷的。

(11) 參加集體活動。雖然獨處也是調節心情的方法之一，但是不要吝嗇把自己的休息時間分出一部分給集體活動。登山、郊遊、野餐、聚會、歌友會……都是不錯的選擇，你會沒有精力再去想那些不開心的事，而且還能從中感到大家互助互愛的快樂。

(12) 常常拍些照片。心理學家建議，用相機拍下自己或者一些身邊的人和事，如窗外的樹木、路邊的小花、朋

友的婚禮、漂亮的火燒雲等，將這些隨時可能被遺忘的瞬間記錄下來，當以後你再翻閱的時候，你會覺得這些回憶格外美好，人也很容易變得快樂起來。

(13) 收集趣聞、笑話，並與你周圍的人分享。趣聞、笑話多少會給你帶來些快樂，當你去與別人分享時，還會有種「獨樂不如眾樂」的快樂。

(14) 去看部喜劇片，大笑一場。這是讓自己快樂的最簡單的方法，人的情緒很容易受到周圍環境的影響，看到片子裏的演員搞笑的表演，相信你也會會心一笑的。

(15) 大聲歌唱。大聲歌唱時不必在意別人投來異樣的眼神，不管是在ＫＴＶ裏還是在家裏，心情不好時就放聲歌唱，很快你就會被歡愉的音樂感染，好心情也隨之而來。

(16) 一邊喝自己喜歡的飲料，一邊讀喜歡的小說。挑一家安靜的咖啡館，帶上一本近期最讓你感興趣的小說，或者在家裏某個舒適的角落，聽著舒緩的音樂，一邊喝咖啡或是果汁，一邊讀小說……不需多久，你就會感到很舒服，得到真實的放鬆和享受。

(17) 做白日夢。我們常聽到某些人說些快樂的事時，周圍的人取笑他們說：「你別做白日夢了」。而事實證明，「做白日夢」是最簡單、最便宜，也是最容易得到的快樂方式。

(18) 對著鏡子笑一下。你對著鏡子笑，鏡子裏的你也對著

你笑，沒有人會不喜歡自己的微笑，這種方法能讓你的心情馬上好一些。

(19) 穿一身色彩亮麗的漂亮衣服。這樣的衣服能讓你看起來年輕而充滿活力，同時讓你的心情告別灰色。

(20) 收拾屋子。把房間裏的東西擺放整齊，擦乾淨。如果條件允許，你還可以將各樣物品重新擺放一下位置，這樣你會覺得環境煥然一新，心情自然也有所改善。

以上二十種方法或許有很多都適合你，建議你在心情不好時嘗試一下，找出自己的快樂點，當然還有N多的選擇等著你去嘗試。總之，讓自己快樂的方式有很多，別再害怕煩悶和無聊了，你用來對付它的方法多著呢！

❶ 與其隨波逐流，不如有意識地培養一些讓你快樂的習慣，隨時幫助自己調整心情。

❷ 學會用豁達這劑良藥及早掃除病疾，不至於形成頑症。

❸ 每天總是高高興興，臉上永遠都保持著微笑。

❹ 如果我們要得到快樂，就應該把自己的思想集中在每件事的積極方面，而忽視那一點點消極因素。

減輕壓力，
放慢生活的腳步

壓力是什麼

　　壓力源於物理學術語，在工程學和建築學上指「負荷」。壓力的研究最早可以追溯到古希臘時期。二十世紀三、四〇年代，美國生理學家坎農最先將壓力這一概念應用於社會領域。他認為壓力就是在外部因素影響下的一種體內平衡紊亂。在危險未減弱的情況下，機體處於持續的喚醒狀態，最終會損害健康。

　　一九三六年，加拿大生理學家漢斯‧塞爾耶（Hans Selye）發表了《各種傷害作用引起的綜合症》一書。在這本書裏，他第一次使用「stress」這個術語，並系統提出了壓力的概念，因此被公認為壓力之父。他認為壓力是人或動物有機體對環境刺激的一種生物學反應現象，可由加在有機體上的許多不同需求引起，並且是非特異性的。「非特異性」是指儘管環境刺激或需求可能多種、多樣，但機體的生物學反應卻是相對不變的。

　　二十世紀五、六〇年代，美國心理學家拉紮魯斯強調認知因素在壓力反應中的作用，給壓力概念注入了新的內涵。他把壓力看做是個體與環境間失衡，而產生緊張的一種主觀能動的過程。

　　由於壓力本身的複雜性，加之各個學派從不同的角度對其

進行研究，至今壓力沒有一個被普遍接受的定義。

當今人們對壓力的理解至少有以下三方面的含義。

第一、壓力是那些使人感到緊張的事件或環境刺激。比如地震、車禍、戰爭、擁擠、雜訊等。

第二、壓力是人體對外部刺激的一種生理和心理的反應。比如有人說「下午我要參加面試，我覺得壓力好大」。這裏他就用壓力來指他的緊張狀態，壓力是他對面試事件的反應。這種反應包括兩個成分，一是心理成分：包括個人的行為、思維以及情緒等主觀體驗，也就是所謂的「覺得緊張」；另一個是生理成分：包括心跳加速、口乾舌燥、胃部緊縮、手心出汗等身體反應。這些身心反應合起來稱為壓力狀態。

第三、壓力是個體與環境間不匹配，而產生緊張的一個主觀能動的過程。根據這種說法，壓力不只是刺激或反應，而是一個過程，在這個過程裏，個體是一個能通過行為、認知、情緒的策略，來改變刺激物帶來的衝擊的主動行動者。面對同樣的事件，每個人經歷到的壓力狀態程度卻可以有所不同，就是因為個人對事件的解釋不同，應對方式不同而已。

不同的人面對壓力會出現不同的表現，但總的來說，壓力表現有兩大類：

積極壓力反應和消極壓力表現。一般認為積極的壓力表現會讓人振奮，積極按時工作，對生活的目標充滿希望和嚮往，只是這方面的研究還比較少。研究表明消極壓力反應症狀，可以從三個方面表現出來：心理症狀、生理症狀、行為症狀。

消極壓力的心理症狀：

(1) 焦慮、緊張、迷惑、急躁；

(2) 疲勞感、生氣、憎惡；

(3) 情緒過敏和反應過敏；

(4) 道德和情感準則削弱；

(5) 感情壓抑，興趣和熱情減少；

(6) 交流的效果降低；退縮和憂鬱；孤獨感和疏遠感；

(7) 厭煩和工作不滿情緒；

(8) 精神疲勞和低智慧工作，錯覺和思維混亂增加；

(9) 注意力分散，注意範圍縮小；

(10) 缺乏自發性和創造性，組織能力和長遠規劃能力退化；

(11) 短期和長期記憶力減退；反應速度減慢，彌補的嘗試可能導致莽撞的決策；

(12) 性格發生變化，愛清潔、很仔細的人會變得邋遢；馬虎、熱心腸的人會變得冷漠；民主的人變得獨裁；

(13) 自信心不足，出現悲觀失望和無助的心理。

消極壓力的主要生理症狀表現如下：

心率加快、血壓增高；腎上腺素和去甲腎上腺素分泌增加；噁心，腸胃失調，如潰瘍；身體受傷；身體疲勞；死亡；心臟疾病；糖尿病；呼吸問題；汗流量增加；頭痛；癌症；肌肉緊張；疑心病增加；睡眠不好。

另外皮膚功能失調：壓力事件可能引起皮膚疾病或使其惡

化。濕疹、神經性皮膚炎、蕁麻疹、痔瘡都可能與壓力有關。有研究發現，傾向於患濕疹、痔瘡的人，在面臨壓力或情緒激動時都可能發病。

消極壓力表現在行為上的症狀有以下幾點：

(1) 拖延和避免工作；

(2) 工作表現和生產能力降低，錯誤率、事故增加；

(3) 責任轉嫁於他人；

(4) 只解決短期和表面問題，不願做深入和似乎與己無關的工作；

(5) 吸煙、酗酒和吸毒行為增加；

(6) 工作受到破壞，曠工次數增加；

(7) 去醫院次數增加；

(8) 為了逃避壓力，飲食過度，導致肥胖；

(9) 由於膽怯，吃得少，可能伴隨著抑鬱；

(10) 沒胃口，體重迅速下降；

(11) 語言問題增加，已經存在的結巴、含糊不清的語言現象加重，或出現在尚未有此症狀的人身上；

(12) 出現稀奇古怪的行為，無性格特徵的行為產生；

(13) 忽視新的資訊；

(14) 冒險行為增加，包括不顧後果的駕車和賭博；

(15) 侵犯別人，破壞公共財產，偷竊；

(16) 與家庭和朋友的關係惡化；

(17) 自殺或企圖自殺。

測試你的壓力源

具體說來，青年人的壓力主要有：

(1) 擇業的壓力。學歷要求相對較高與就業機會率相對較低帶來的壓力。

(2) 各種時尚、潮流的誘惑構成的壓力。由於工作、生活節奏的加快，外部環境對人的誘惑，如出國潮、金融潮、購屋潮等林林總總的時尚潮流誘惑著青年人，然而條件所限，並非所有人皆能如願，這也給青年人造成了壓力。

中年人可能遇到的壓力有：

(1) 事業上追求盡善盡美與現實差距形成的壓力。一般來說，中年人都會認為自己從事的事業已應開花結果了，然而現實是並非所有人都能在事業上春風得意，這種理想與現實的差距便形成了壓力。

(2) 盡可能自我發展的期望，與客觀工作環境之間的差距形成的壓力。

(3) 感情生活、婚姻生活不順帶來的壓力。包括離異、喪偶、夫妻感情不和等。

(4) 望子成龍的心理帶來的壓力。所有家長都希望自己的孩子能夠出類拔萃，但實際上大多數孩子都不免平

常，這種「恨鐵不成鋼」的心情，往往造成了壓力。

(5) 心理與生理差異的壓力。人到中年，身體狀況可能出現這樣或那樣的問題，從而影響心理造成壓力。

在賽利醫生的應激學說中，還將壓力的發展分為三個階段：

(1) 初始警戒反應階段：是由交感神經系統與副交感神經系統共同運用而產生作用的。這種反應由交感神經刺激腎上腺素，同時由丘腦下部啟動腦上垂體，產生了一種激素；腎上腺便會利用這種激素調整身體，做出適應性的防禦措施。

(2) 抗拒階段：若壓力源只是威脅到局部範圍，那麼破損的這一部分便會發炎，以起到封閉性的保護作用，便於免疫系統驅逐「侵犯者」，起到治癒受損的組織的目的。如果威脅不限於局部，如心理方面的疾病或潛在的環境公害，一般適應綜合症便會動員身體作最大的生理反應，這就是抗拒階段。在這一階段，有些人對壓力源的心理反應猶如「鬥士」，立刻將這種不良情緒壓力排去；而另一些人是「軀體化者」，他們拒絕體驗壓力帶來的影響，將壓力侷限於體內某一處，那麼就會產生頭痛、背痛、消化不良或更嚴重的身心疾病；另外還有些被稱為「心理演化者」的人，他們以憂愁、焦慮、消沉或慢性緊張，來表現他們對壓力的抗拒。

(3) 衰竭階段：前兩階段會使身體的重要資源蒙受損傷，往往還會導致第三階段。因此如果疲勞的人得不到充分休息以恢復體內平衡，壓力便會使人產生一系列人格障礙，逐漸損毀身體健康，造成身心崩潰。

面對壓力，一些人認為它有益，另一些人則認為它有害。認為它有害的人對於越來越大的壓力不堪重負，長此以往，就會逐漸形成一種不健康的心理，表現出人格障礙，會逐漸侵蝕人體，造成不可挽回的損失。

消除心理壓力

身心疾病無疑影響著人們的一言一行，而身心疾病又與壓力密切相關。

現實生活中，身心疾病不勝枚舉，幾乎每種疾病都有其情緒誘因，而所有的情緒誘因都或多或少地起源於外界壓力，即社會環境形成的壓力，可見壓力與身心健康有著密切的關係。

我們應當怎樣化解壓力、克服壓力、保持身心健康、實現自己的成功抱負呢？這裏就要涉及一門學問——「壓力管理學」。

事實上，我們可能看到兩位同時從一個公司失業的人，一位因不堪重負、灰心喪氣而得了重病；另一位卻因開朗樂觀，

終於在別的地方實現了自身價值。這種結果固然與兩人的機遇、性情等不同有關，但有一點不容置疑，就是兩人對待挫折和壓力的不同態度，對身、心兩方面影響都有很大關係。

現代心理醫學的研究也證明，在心理社會因素的關係效應中，外來壓力並未直接導致疾病，但是外來壓力的變化常常影響、惡化了一個人的情緒，從而導致疾病。因而個體的評價和應對方式，對外來刺激產生的結果有很大影響。

正確的評價與應對方式，可能會弱化外來不良刺激的強度，錯誤的評價與應對方式，則可能強化不良結果。要想減輕外界壓力對自我身心兩方面造成的不良影響，盡可能防止心身疾病，就要對壓力管理這門學問有明確的理解。

現代「壓力管理學」中，對壓力管理有以下要求：

01 對壓力應採取正確的評價態度

個體作為被壓力威脅的對象，應對外界壓力有正確的認識（即評價），並採取樂觀開朗的態度正確對待。可以這樣認為，大多數富人在發跡之前，無一不受到過諸如身體健康、財源等方面壓力的困擾。各種生活壓力，無不為一個人的奮鬥生涯增添了光彩。既然一個人在生活中，總不可避免遭受各種各樣的壓力、不如意乃至打擊等，那麼評價壓力、瞭解壓力，就是要分析它們可能對自我身心健康方面造成的危害，從而儘量避免接踵而來的可能對自己造成不利的後果。比如一個下屬在和老闆吵架時可以想一想，如果繼續吵下去，結局肯定是被

「炒魷魚」，那麼究竟是被炒魷魚後自己的生活和心靈上的壓力大，還是現在隱忍不滿所感受到的心理壓力大？兩害權衡取其輕，就能得出理智、有利的解決方法。

02 對壓力應採取積極的應對方式

「壓力管理學」中，對此提出了兩條有效的途徑：

(1) 身體方面的途徑：強調持之以恆的運動，特別是做「有氧運動」，例如游泳、跳繩、騎單車、慢跑、急步行走與爬山等。這些運動不僅能夠讓血液循環系統運作更有效率，還能夠強化我們的心臟與肺功能，直接增強腎上腺素的分泌，讓整個身體的免疫系統強大起來，從而有更強的「體質」，去應付生活中隨時可能出現的各種壓力。

現在我們可以明白為什麼洛克菲勒、卡內基等超級富翁，都酷愛運動了吧？事實上，身體肌肉的活動，能夠讓全身心得到鬆弛，並讓我們的大腦有一個適當的休息機會。只有強健的身體，才是十足的成功的能源。

(2) 心理方面的途徑：心理學家視個人的情況而給予的個別指導和心理治療，仍然是個人學習應付壓力的最佳方法。他們也贊成利用有效的自助法來排除壓力，例如循序式肌肉放鬆法、靜坐、自我催眠和練習吐納（呼吸）等。

　　總之，壓力管理就是一種積極應對外來刺激的方式，它包括對壓力的瞭解、評價，從而達到緩解和避免壓力的目的。

化解各方面的壓力

　　生活中壓力無處不在，比如在工作中，上司、同事、下屬都是我們的壓力源；在生活中，同學朋友、家庭成員也會讓我們身陷壓力之中。在與這些壓力交鋒時，我們總是很容易感到忐忑不安，身心疲憊脆弱，這些壓力就在無聲無息中，慢慢地消磨著我們的生命，很多人習慣忍受這些壓力，卻不知其實很多壓力都是我們可以自行化解的。正如斯摩爾所說：「事實上打倒你的不是挫折，而是你面對挫折時所抱的態度。」對待壓力也是同樣道理，真正重要的是你的態度，不管是哪一方面的壓力，只要你學會堅強，充滿信心，敢於行動，就能起到化解壓力的效果。

化解來自上司的壓力

　　多數人感到上司的壓力，大多都是因為工作不被上司認可，也就是說更多的時候，來自上司的壓力源於工作本身。要解決這個問題，最重要的就是想方設法讓上司欣賞你的工作，你可以試著多與他們溝通，尤其是當你沒有把握時，必須要及

時溝通，知道他們對某事的想法，並嘗試著按他們的方法去做。別礙於面子，不敢開口問他們的喜好，要知道，良好的溝通是接近上級最好的方法，當然也要把握好交流的分寸。

化解來自同事的壓力

同事是與我們相處時間最長的人，因此也是給我們帶來影響比較大的人，因此同事關係的好壞，總是多少會影響到我們的心情，而同事之間的競爭多少會帶來一些矛盾，壓力也就隨之而來。化解的方式就是：第一，不要對同事的期望太高，他們並沒有「對你好」的義務；第二，不要過於親密，你們之間可能會存在「不是你死就是我亡」的微妙關係，如果對方對你瞭解太深可能會對你不利；第三，要包容同事的不同性格或處世風格，求同存異，只要大原則沒問題，就不要苛求其他方面的一致。有時候，為了「大和平」，你得做出「小妥協」；第四，不要嫉妒比你強的同事，尤其是不要背地裏使壞。因為這種行為會讓你越加地感到低人一等，萬一你的「手段」被拆穿，也是件不光彩的事。

化解來自下屬的壓力

俗話說：「官有官的難處，民有民的難處。」作為上司也會時常感到下屬的壓力，下屬的能力強於你又不服從你的管理，你會感到壓力；下屬的各項能力太差，你事事要擔心，也是巨大的壓力；他們對你口服心不服同樣是大麻煩……怎樣消

除下屬帶來的壓力，實際上是許多管理者最為重要的功課之一。首先，你得樹立自己的形象，既要有嚴肅、堅持原則的一面，又要表現出自己的親和力，時常關心一下下屬，讓下屬對你又愛又怕；其次，淡化自身高高在上的感覺，虛心聽取下屬提出的意見，如果是自己出了錯，最好主動承認，不要強加給下屬，或者硬著頭皮將錯誤進行到底；第三，修煉自己的處事能力，並時時注意鍛鍊自己的工作能力，要讓下屬心服口服。

化解來自家庭的壓力

家庭的和諧是我們每個人在外英勇打拼的原動力，家庭成員的良好關係是這一切的基礎，千萬不要以為家人之間已有著親密的關係，就可以疏於維護，對家人你依然應該、並且有義務去關心、尊重他們，不管你是作為父母、孩子，還是兄弟姐妹，都不能只行使權利，而不去盡義務，要懂得謙讓、理解，在互相幫助中讓他們感到你的愛。如果你的家庭正處在某種非常時期，如某個成員需要照顧；整個家庭出現了經濟或其他危機，你不能事不關己坐視不管，更不要為此而抱怨他人，你應該積極地為改變這種糟糕狀況盡自己的努力。

化解來自同學、朋友的壓力

友誼是與親情、愛情同樣珍貴的感情。正如西塞羅所說：「世界上沒有比友誼更美好、更令人愉快的東西了，沒有友誼，世界就彷彿失去了太陽。」然而許多友情依然會給我們一

些壓力，比如某個同學賺的錢要強於你許多倍；某個朋友說話總是以教訓你的口吻；某個朋友說話口無遮攔，把你的秘密宣傳得眾人皆知……對於讓你感到「低他一等」的人，你只好以此當做自己進步的動力，鼓勵自己前進，千萬別覺得自卑，也許你的風光在後面呢。對於給你帶來麻煩的朋友，化解這些壓力最重要的一條就是學會包容對方的缺點，並要選擇合適的機會和方式，向對方說出你真實的感受，友好地提出意見；不要強人所難，也不要為了討好對方而委屈自己。另外，做好事前準備，慎重擇友，擇善而交能省去你很多麻煩。

 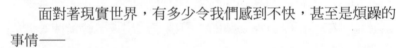

別讓小壓力聚積

面對著現實世界，有多少令我們感到不快，甚至是煩躁的事情——

在家中，在公司，甚至走在大街上，你都會遇到許多煩心的事。孩子功課不好，又不用功；公司主管莫名其妙地對你發火，為一件微不足道的小事足足罵了你一小時；下屬也好像故意與你做對，總是不按你的吩咐做事；路上，一人走路匆匆忙忙，把你唯一一雙可以算得上的漂亮的鞋子，踩上一個大大的腳印，還罵罵咧咧地說你擋了他的路……

我們沒有權利也沒有能力去左右別人的行為，於是無數的

小事，一點點奪走了我們快樂的心情，我們也覺得為這些小事生氣是非常合情合理的，自己不開心也是事出有因的，就「心安理得」地承受著來自各方面的壓力。

然而你從來沒有意識到，生氣是毫無意義的事，它不但影響到周圍的人際關係，還影響了你自己的身心健康。也許你會說，大風大浪我都經過，為一些小事生氣有什麼大不了的？殊不知，生命的茁壯不僅僅是對抗嚴峻的挑戰，還在於對小病小災的免疫。

在科羅拉多州長山的山坡上，躺著一棵大樹的殘軀。

據自然學家介紹，它曾經有過四百多年的歷史。在它漫長的生命裏，曾被閃電擊中過十幾次，它都沒有被擊倒。但在最後，一小隊甲蟲的攻擊，卻使它永遠倒在了地上。

甲蟲雖小，卻持續不斷地攻擊。眾多的小蟲從根部向裏咬，漸漸傷了樹的元氣。這樣一個豎立在森林中多年的驕傲的巨木，歲月不曾使它枯萎，電閃雷鳴不曾將它擊倒，狂風暴雨不曾將它動搖，卻因無法對抗一小隊用大拇指和食指就能捏死的小甲蟲，最終倒了下來。

看到這樣的事實，你是否心裏一顫，我們的人生不就像森林中那棵身經百戰的大樹嗎？成長中無數的挫折，讓我們日漸堅強與成熟，在經歷生命中無數狂風暴雨和閃電的襲擊，也都撐過來了，可是我們的生命裏，卻有著無數企圖在不知不覺中擊倒我們的「小甲蟲」。所以無論如何，為了你自己的健康，請你不要再為小事生氣、動怒了。

更何況人生在世也就那麼幾十年，我們要吃飯、睡覺、學習、工作，除去這幾項必做的事情以外，所剩下的時間本來就不多了，為什麼非要讓生氣來佔據自己本來已經很小的生活空間呢？

煩由心生。其實那麼多的煩惱都是由於人的貪婪、嫉妒、虛榮等心理慾望在作怪，這種種的慾望，把本來如白紙一樣純潔的心浸染成五顏六色。即使知道那句「生氣是拿別人的錯誤來懲罰自己」，還是控制不了自己。其實這些小壓力雖然來無影去無蹤，但當它們主動來敲我們的房門時，我們也並非束手無策。

千萬不要覺得「心裏裝有煩惱」，才是對自己負責任，也不要認為自己一定不能退步，一定要戰勝，這樣只會讓煩惱愈積愈深，壓力越來越大，這些小事都是試圖讓你不快的陷阱，千萬不要上當，這些小事會把我們綁住，耗損我們的心力，以至於我們無法專注其他更重要的事情。

正確對待這些小壓力的方法是要學會寬容和忍讓，要去除嫉恨之心，要學會寬宏大度，要有「宰相肚裏能撐船」的雅量。同時要學會理解人、體貼人，能夠以誠待人，以情感人，不要為一些小事而耿耿於懷。

下次再碰到不如意的事時，用旁觀者的心態，冷靜看著這些事，超然於這些事情之上。

《勸忍百箴》中認為顧全大局的人，不拘泥於區區小節；要做大事的人，不追究一些細碎小事；觀賞大玉圭的人，不細

考察它的小疵；得巨材的人，不為其上的蠹孔而怏怏不樂。糾纏在小事之中擺脫不出，只會令自己更加苦惱。同樣道理，我們浪費太多的力氣在小事上面，反而無暇注意生命中更美好、更偉大的事物。

在一片混亂之中保持平靜和安寧的方法，就是要找到你的「風暴之眼」。所謂「風暴之眼」，原是指颱風、颶風，甚至是龍捲風的中心地帶，一塊自始至終風平浪靜的地帶。這片地帶以外的任何東西，都可能被席捲而去，只有這個中心仍舊保持著平靜。如果我們能在「社會風暴」和「人際風暴」中找到它的「風暴眼」，則不論周圍環境有多惡劣，雜訊有多大，我們都能夠做到耳根清淨，心情平和，臨危不亂。而這個「風暴眼」，其實就是我們自己不被小事影響的鎮靜從容的心境。

世間的事不是我們都能掌握主動權，或只要努力就能做好的，有許多事我們只能盡到本分，僅此而已。所謂「謀事在人，成事在天」。明白了這一點，我們就不會因遭遇外界的壓力和痛苦，而使自己變得鬱鬱寡歡或煩躁不安了，這也是讓自己生活得更好的不二法則。

英國著名作家迪斯雷利曾經說道：「為小事生氣的人，生命是短暫的。」我們還是用有限的生命去追逐更多的快樂吧，別把時間浪費在生氣上，更不要讓無數小事的壓力打垮你！

情緒整理術

❶ 大聲説出想説的話吧，如果你還是做不到，就要多加練習，對著鏡子説出你希望對方做的事，這也是個不錯的辦法。。

❷ 請你抽出時間，徹底從工作中走出來，看看大自然。清除一切雜念，享受眼前的大自然，全身心放鬆，你會覺得呼吸順暢，頭腦清醒。

❸ 做適當的運動來放鬆身體。如果附近有公園，讓自己勤快一點，處於大自然，身心就會完全放鬆下來。

❹ 試著聽聽音樂，澳大利亞的一項研究顯示，卡農曲（Canon）就能有效減輕壓力感，減緩心率和降低血壓。其次，編織、縫紉或者拼拼圖，都是很好的休息方式。

❺ 學會躲避一些不必要、紛繁複雜的活動，從一些人為製造的雜亂和疲勞中擺脱出來。

分離焦慮，
飛出囚禁自我的牢籠

焦慮是什麼

焦慮是指一種缺乏明顯客觀原因的內心不安，或無根據的恐懼。預期即將面臨不良處境的一種緊張情緒，表現為持續性精神緊張（緊張、擔憂、不安全感），或發作性驚恐狀態（運動性不安、小動作增多、坐臥不寧或激動哭泣），常伴有自主神經功能失調表現（口乾、胸悶、心悸、出冷汗、雙手震顫、厭食、便秘等）。

焦慮時一定會有不合理的思維存在，正是其不合理的思維，維持著精神的緊張和身體的不正常反應。也可以說，不合理思維是焦慮的本質。

有強大「自我」的人，能夠有效應付各種有威脅的環境狀況，對本能衝動能夠控制，並能夠提供有益的釋放，並對所知的價值和標準進行考慮。對於這樣的人，焦慮起一種有用的信號作用，它表示某種需求存在而且要求注意。於是做出行動，焦慮在達到高水準之前被降低。

然而對於多數人來說，這一過程並不總是這樣順利的。多數人至少需要暫時的防禦來抵擋焦慮，以解決困難的經歷。我們並不總是能夠很理智地對待自己，不能以現實的方式對待生活。

引發焦慮的原因：

人們預感到不利情景的出現，而產生的一種擔憂、緊張、不安、恐懼、不愉快等的綜合情緒體驗。焦慮伴有明顯的生理變化，尤其是植物神經活動的變化。表現為血液內腎上腺素濃度增加、心悸、血壓升高、呼吸加深加快、肌張力降低、皮膚蒼白、失眠、尿頻、腹瀉等等。焦慮分為兩種類型：

(1) 狀態性焦慮。由於某一種情境而引起的焦慮，情境改變時，焦慮隨之消失。但有時某種情境很特殊，產生的焦慮十分強烈，有可能產生短暫的人格變化。

(2) 特質性焦慮。由於一個人的人格特點與眾不同，在相同的情境中，其情緒反應的頻度和強度也與眾不同。例如在與陌生人相處的時候，有的人就會出現這種特質性焦慮。

焦慮是人們對情境中的一些特殊刺激，而產生的正常心理反應，只是每個人經歷的時間長短不一或程度不同。只有當焦慮原因不存在或不明顯，焦慮症狀很突出而其他症狀不突出，焦慮的持續時間及程度均超過一定的範圍，以致影響正常的生活、學習、工作時，才可以認為患了焦慮症，又稱為焦慮性神經症。產生焦慮症的原因主要有：

(1) 生物學因素，如遺傳影響與生理因素；

(2) 心理因素，如認知、情緒等；

(3) 社會因素，如城市過密、居住空間擁擠、環境污染、緊張、工作壓力過大等。

如何面對焦慮

在快節奏的現代都市中，你是否經常覺得心跳過快、胸口疼痛、頭昏，有時又感到恐懼，覺得要死了、要發瘋，甚至失去控制，而在幾分鐘到半小時後，常不治而癒？你是否經常坐立不安，或者總怕自己或家人遇到什麼不好的事，每天上班憂心忡忡？你是否總感到緊張、肌肉發抖、出汗、頭暈、胃部不舒服等，但醫生卻檢查不出結果？

如果你回答「是」的話，那麼你可能過於焦慮了。

焦慮一旦降臨到你頭上，就會讓你不知不覺落入它的懷抱，難以自拔。它像空氣一樣包圍著你，使你無從察覺，甚至讓你習以為常；它像寄生蟲一樣，不停地吞噬你健康的心態和快樂的靈魂，它用沉重、悲觀、猶豫、抑鬱、恐懼和懷疑來侵蝕你，過濾掉你生活中所有的溫馨時刻，把一切快樂從你身邊剝離。

一位女大學生走進心理諮詢中心，剛坐下手就開始抖，兩腿不由自主地顫動，還沒說話眼淚就流了下來。她哭了一會兒，告訴心理醫生，她經常緊張焦慮，特別怕上物理課，拿起物理書就心慌、發抖、頭暈，有時腦子裏一片空白，常常擔心自己考試不及格不能畢業，將來考不上研究所，每天感覺活得很累，常常想到死。

　　心理醫生通過進一步聊天，得知這位女大學生的父親從小對她管教特別嚴，考試總要她在班裏考前三名，每次考試她都非常焦慮，小學到中學考不好就被父親打罵。第一年沒考上大學，重考一年才考上。通過女大學生的敘述，心理醫生判斷她的焦慮非常嚴重，需要及時地加以治療。

　　焦慮，可以說它是幸福生活的魔鬼終結者。而焦慮情緒和洋蔥的皮一樣，是有不同層次的。同時它們還有一個共同點，就像是不論哪一層洋蔥皮，都可以讓你淚流滿面一樣；不論是哪種程度的焦慮，都會對你的幸福造成影響，讓你很難受。

　　焦慮程度不高時，人大多會產生痛苦、擔心、嫉妒、報復等情緒，而且還會對自己產生懷疑；而嚴重焦慮時，人往往非常激動，非常痛苦，他們喊叫、做噩夢、報復心極強、食慾不振、消化和呼吸困難、過度肥胖，而且容易疲勞。最嚴重時，生理也會受到影響，如心臟加速、血壓升高、嘔吐、冒冷汗、精神緊張、肌肉硬化等。

　　而總的來說，焦慮的人身體很緊張，常常覺得自己沒有辦法放鬆，全身緊張，眉頭緊鎖，表情嚴肅，長吁短歎。其次，他們的神經系統反應非常強烈，神經系統常常超負荷工作。他們易出汗、暈眩、呼吸急促，心跳過快，身體時冷時熱，手腳冰涼或發熱、胃部難受、大小便頻繁、喉頭有阻塞感。在生活中，他們對未來產生無名的擔心，擔心自己的職位、自己的工作、親人、財產和健康等。他們非常敏感、警覺，每時每刻都像一個站崗放哨的士兵，對周圍環境的每個細微動靜和別人的

言行充滿警惕。

那麼我們為什麼會產生焦慮呢？這還得歸結到現代社會上去。

我們今天的生活，處在一種急劇變動的開放時代。開放社會的一個特點就是大範圍的流動，城鄉之間的流動、階層之間的流動、職業之間的流動等。流動的結果是我們失去了許多熟悉的東西，原來所依靠的穩定的東西變得不穩定，或者不存在了，面對著的卻是許多陌生的東西。

假如一個人在毫無準備情況下，被拋到一個一無所知的環境裏，世界變得陌生而危險，他肯定會覺得焦躁恐懼、惶惶不安。我們許多人今天的生活狀態和心理狀態，與這種情況有很多相似之處。此外競爭的壓力、求職的壓力，公司破產或者裁員，而引起自己的失業危機，都會增加人們的焦慮感和不安全感。

面對焦慮，成功學大師卡內基有三條基本原則：一弄清事實；二分析事實；三做出決定。所以我們首先要弄清自己焦慮的程度，然後再找出焦慮的原因，最後再針對原因加以調節和發洩。

衝破自我的心理障礙

眾所周知，作為萬物之靈的人，既有生物屬性，亦有社會屬性，具有豐富的思想和感情，所謂「形具而神生，好惡喜怒哀樂藏焉」。因此人既會患生理疾病，心理上同樣也會出毛病，也就是心理障礙，這恰恰是我們最容易忽視的。

通常所說的「心理障礙」，有一個比較廣泛的定義，是指沒有能力按照社會認為適宜的方式行動，以致其行為後果對本人或社會的不適應，通俗地說，就是對社會正常生活的不適應。一個人心理障礙的嚴重程度，就是他偏離社會生活規範的程度。

下面是一名高中生諮詢心理障礙的實例：

我是一名高中學生，在入學考試時，我曾以年級第二名的成績跨入明星中學的大門。在我的周圍有很多關心我的人，他們向我傳授學習方法。在我的印象中，他們說得最多一句話就是：「學習時一定要專心致志，集中注意力。」然而他們的反覆強調，卻使我揹上了心理負擔，我在學習時，總在關注自己注意力是否集中，適得其反，我的精力卻無法集中，學習效果不佳。這種心理障礙像一個親密的好朋友跟隨著我，使我的成績在走下坡，如今我早已不再是年級的佼佼者……

這名學生因周圍環境的改變和來自多方面的期望，而產生

了巨大的壓力，過重的壓力使自己怕讓別人失望，從而產生了嚴重的憂慮。這種情況看起來好像很正常，但它卻是一種心理障礙，如果長期不想辦法克服，結果是不堪設想的。壓力可以轉化為動力，也可以轉化成阻力，關鍵在於自己如何看待這一切。

面對這種情況，首先要學會自我調節和疏導，把壓力化成動力。努力想辦法使自己的內心平靜。如果一直想著集中精神，出類拔萃，結果反而不能集中精力，起到相反的作用。既然越想越亂，索性就什麼都不要想，讓自己的心情和精神狀態慢慢恢復，整理一下自己的心情，找回自信，然後分析一下自己的不足之處，制定相應的計畫來改善，保持一個樂觀良好的心態，盡力去做。另外，不要抱著太大的得失之心，更不要把成績看得高於一切，找到適合自己的學習方法，發揮出自己最高的效率，還要懂得成績不是全部，只有先做個充實快樂的自己，然後才是學習、工作、事業等。

再看下面這個例子，主人翁因為嚴重的心理障礙，最終導致輕生的悲劇。

據某報二〇〇七年一月二十一日報導，土耳其最胖女人賽妮絲多年來屢次尋死失敗後，終於於上月下旬在醫院去世，「死因不明」。賽妮絲享年六十歲，去世時體重三百五十公斤。

另據「中央社」安卡拉十八日電，多年來，賽妮絲試盡各種方法減肥，但都以失敗告終。這使她精神嚴重沮喪，屢次尋

死。十八日上午，賽妮絲的丈夫派克見妻子精神恍惚，恐怕有異，決定將妻子送往鄰近一家私人醫院。他為此請來消防隊員幫忙，整整花了三個小時，將樓梯沿邊的扶手全部拆除，並焊掉一樓的鋼板大門，才將裝在特大帆布袋裏的妻子移送樓下，抬出大門。但在醫院裏，賽妮絲拒絕接受治療，不斷向家人表示已無生趣，只求安樂死。

文中的主人翁賽妮絲，就是患有典型的抑鬱性心理障礙，這種心理疾病的主要表現是情緒低落、鬱鬱寡歡、悲觀厭世、自我評價低，總以「灰色」的心情看待一切，內心體驗多不幸、無助、無望，對什麼也不感興趣，甚至覺得活著沒意思。這些追根究底，都是憂慮所造成的，因為沉重的憂慮，才會形成悲觀的心態，悲觀的心態是一個漩渦，很容易擴散的。

因此我們需要充分認識到心理障礙的嚴重後果，更需要正確地看待心理障礙，進而努力衝破自我的心理障礙，最重要的還是要從根本上放棄憂慮和擔心。

其實一個人存在某方面的心理障礙或缺陷是普遍現象，只要不因此過分影響工作和生活，別人和社會也能接受這種障礙或缺陷，就沒有去「克服」的必要。就像一個人的高矮胖瘦一樣，我們完全可以很正常地看待這一切。胖人很羨慕苗條的身材，而瘦人也可能因為太瘦體質差而發愁。如果心理障礙或缺陷使本人感到痛苦，並嚴重影響社會適應性，就應當努力克服。

實際上，克服心理障礙的最有效的方法就是「揚長避

短」。「揚長避短」是自然法則，是順應自然。某些生物僅依靠某一種「長處」，能在億萬年的自然選擇中得以生存，就在於它不斷進化和完善自己的「長處」，比如蚯蚓割斷身體、海參拋棄內臟，使它們都能夠再生。人類的「長處」是大腦和思維，靠發達的大腦成為萬物之王。如果我們的祖先天天只是為了打不過獅子、跑不過獵豹、游不過魚類等「缺陷」而苦惱，那麼根本就不會有現在文明發達的人類社會。就如急切想克服社交恐懼的人，往往只看到別人的長處和自己的短處，他們羨慕那些口齒伶俐、在社交場合口若懸河、風度翩翩的人，並把注意力集中在自己「笨手笨腳笨嘴」的毛病上，而往往忽視了自己的文字表達能力和邏輯思維能力。

每個人都有自己的優點，只有發現和利用這些優點，才能取得事半功倍的實效。如果只是致力於克服短處而不注意發揮優勢，不僅沒有取勝的機會，最後連優勢也可能因為得不到充分的發揮而變成弱勢。缺點的形成非一日之寒，融化它乃非一日之功，一定要有進行持久戰的心理準備。

因此我們都應該全面認識自己，要同時看到自己的優點和缺點，努力發揮自己的優勢，才能走出心理障礙，才能徹底放棄憂慮，才能獲得健康而美好的人生。

情緒整理術

❶ 鉤手鉤拉法：將雙手彎成鉤狀互拉，拉緊放鬆，再拉緊再放鬆，如此反覆幾次，情緒就會逐漸放鬆。

❷ 見縫插針法：利用工作的間隙，不失時機地進行放鬆，緩解工作的焦慮感。抓住你所有的一點點空餘時間，什麼也不要想，只要記住收縮腹部，同時扭動身體，打哈欠，連續做幾次，就能收到自我放鬆的效果。

❸ 呼吸放鬆法：正確運用深呼吸，是緩解焦慮簡便易行的方法。深呼吸要注意兩個要領：一是緩慢有節奏地吸氣，緩慢有節奏地呼氣。二是吸氣後停一、二秒鐘再呼出。在呼氣時，立刻感受肌肉在放鬆。以後在任何時間，發現自己受別人的影響而腦中一片空白時，即可使用這種方法進行自我調節。

看淡得失，
失敗未必就是終點

淡看得失，做命運的朋友

　　得失往往被低調者所忽略。因為看淡了得失，所以低調者常常會擺脫命運的束縛，做命運的朋友，坦然面對人生長河中的激流與平川。

　　命運是看不見摸不著的，你不必仰頭瞻望，也不必俯身去尋找，他就在你我的身邊，在你我的身體裏、心靈裏。樂觀地對待它，使心靈接受一次次的洗禮，那麼你就是命運的朋友，不要低估命運的力量，也不要高估命運的價值。學會做命運朋友的人是照看命運，但不強求；接受命運，但不卑怯。走運時，他會挪揄自己的好運；倒楣時，他又會調侃自己的厄運。

　　古語有云：「良師益友。」一個好朋友既可以分享你的快樂、痛苦，又可以及時糾正你的錯誤，使你不再繼續錯下去。命運就像一個知心的好朋友，當你犯錯誤，他會讓你去吃些苦頭，小小懲罰你一下，督促你做出改變；可是如果你還是執迷不悟，不聽這位「朋友」的勸告，它將會離你遠去。

　　二○○○年十二月十一日，與癌症鬥爭了六年的陸幼青去世了。陸幼青出生於一九六三年十月，華師大中文系畢業，用他的話來說：「自己沒有長著一張出類拔萃的漂亮面孔，個性平和……」但就是這樣一位平凡普通的人，卻在生命的最後一百天裏，書寫著心靈深處的真實告白──「死亡日記」，向身

邊每一個活著的人，講述自己對生的感悟和對死的坦然……他說：「生命的開始無法控制，生命的消失依然無法掌握，人應該比較清醒地面對死亡的到來。」

在妻子石牧言眼中，陸幼青是一個一刻也不想停止思維和工作的人。「他不僅不逃避現實，而且更看淡自己所承受的一切！」妻子的記憶中，六年與病魔抗爭的日子裏，有著太多刻骨銘心的故事。治療期間，他的胃被切除五分之四，不能吃東西。為了讓自己儘快恢復健康，他拼命逼著自己吃東西。

在生命的最後歷程，陸幼青聽到了死神的召喚，他坦然地對待，並決定寫一本名叫《死亡日記》的書。他說：「我要將死亡的過程袒露出來，但這不是袒露死亡降臨的恐懼，更多的是探討活著的價值，讓所有癌症病人關注生的意義。」

在死亡日益逼近之時，以從容的心情寫下的《死亡日記》，讓每一個不得不思考生命意義的人充滿了敬意。他曾說過：「我希望能把我的文字帶給另一些人，那些在我們身邊，還在苦苦地跟癌症作戰的人。」陸幼青是個普通人，他並沒有驚天動地的事業和偉績，然而他讓我們活著的人學習到了許多東西，如果將生命量化到只有幾年、幾天、幾小時，甚至幾秒鐘的時候，你還能用從容不迫的目光注視著死神的降臨嗎？或許只有在生與死的懸崖邊，我們才能真正看清誰是最懂得珍惜生命的人。

面對人生的不易、世事的艱難，難道我們就只能一直受其攪擾而無能為力嗎？其實只要我們低調一些、看淡一些、看開

一些，一切憂苦煩難便都會煙消雲散了。發現自己不如意時，告訴自己世界上本就不存在完美，即使做出別的選擇也會有不如意。如此，選擇的主動權便掌控在自己手中，人生不再成為不能承受之重。所以看淡了，便能撥開命運的雲霧，尋到那種種般般的適合，進而享受命運帶來的光彩。

寵辱不驚，淡然置之

　　現在社會上的人，大多都抱怨活得很累，有的甚至是達到不堪重負的程度。我們自己都很是納悶，為什麼社會在不斷前進，而人的負荷卻越來越重，精神為什麼卻越來越空虛？

　　確實，社會是在不斷前進，也變得更加文明了。然而這樣一個文明的社會還是有弊端的。社會的文明造成了人與自然的日益分離，使人類陷於世俗的沼澤而無法自拔：金錢的誘惑、權力的紛爭、宦海的沉浮等，這都夠讓人殫精竭慮的了。是非、成敗、得失讓人或喜、或悲、或驚、或詫、或憂、或懼，一旦所欲難以實現，人生的希望就會落空成幻影，乃至失落、失意甚至失志。而要克服這種失落、失意、失志就需要低調，只有做到了低調方能寵辱不驚、去留無意；方能達觀進取、笑看人生。此時的低調是對生命透徹的領悟，對一切煩惱的頓悟，對生命真諦的領悟……以一顆低調的心善待一切是一種境

　　界，那你就不必為一時的平淡或寂寞而急躁以至抱怨，也不必為一時的輝煌而誠惶誠恐或欣喜若狂。

　　蘇軾，字子瞻，號東坡居士，四川眉山人。蘇軾與他的父親蘇洵、弟弟蘇轍歷史上並稱為「三蘇」。蘇軾少年得志，二十幾歲便入京，得到當時文壇領袖歐陽修的賞識，歐陽修曾斷言說：「此人他日文章必獨步天下！」事實正如歐陽修所斷言的那樣：論文方面，他是「唐宋八大家」之一；論詩方面，他與黃庭堅並稱「蘇黃」；論詞方面，他是豪放派的開山鼻祖；論書法方面，他是「宋四家」之一。可以說蘇軾確實是古今文人中聲譽最高的一個藝術天才了。

　　然而和他在學術上的卓越成就比較起來，蘇軾的仕途就顯得不是那麼順暢了，可以用危機四伏甚至是九死一生來形容了。但面對這些，他總能寵辱不驚，淡然處之。二十一歲時，蘇軾就考中進士。他看到王安石變法當中有些問題欠考慮，產生了一些弊端，變法的本質朝相反的方向發展了。於是他就站了出來，反對新法。結果遭到多次貶謫。兩次被貶杭州，他也不以為意，而是認真地做起了小官，領人在西湖築堤，這就是有名的「蘇堤」。從杭州他又到過密州、徐州、湖州。就在湖州，蘇軾被捉拿到御史台審問。原來一些反對蘇軾的人，在他的詩文裏，斷章取義地摘取一些句子對其設計陷害。這就是有名的「烏台詩案」。蘇軾以為自己這次必死無疑。於是告訴為他送飯的弟弟說，平時不要送魚，若聽說我要被判處死罪再送魚。有一次他弟弟病了，託人送飯，那人不知情，送了魚，害

得他虛驚了一場。後來還是王安石一句話：「哪有盛世而殺才士乎？」蘇軾才得以出獄。

出獄之後，蘇軾被貶黃州，任團練副使。表面上雖然是個官員，實際上處於地方官的監管之下。言論行為都受到束縛。他的散文代表作前、後《赤壁賦》，都是在偷偷摸摸的情況下寫成的，「必深藏之不出也」，一般人是難以見到的。

後來哲宗即位，太后聽政，司馬光掌權，蘇軾被召回朝廷。這期間他又被下放。七年後，太后死，哲宗親政。宰相是從前主張變法的章敦，他又被當做打擊的對象，被貶到惠州。緊接著又被貶到了儋州（現海南）。一直到六十六歲遇到大赦天下才被調回。但是還沒有走到朝廷就死在了江蘇常州。

在死前兩個月，蘇軾被大赦天下而調回，途中路過鎮江，看到李龍眠為他做的畫像，即刻寫了一首詩：「心似已灰之木，身如不繫之舟。問汝平生功業，黃州惠州儋州。」以被貶的三個主要地方的地名，來作為自己平生功業的總結，其中的悲苦自然是難以言傳的，但是蘇軾還是那麼的瀟灑、從容、寡淡、曠達，這就是蘇軾。

蘇軾的人生歷程中，有輝煌，也有平淡，他沒有為一時的輝煌而誠惶誠恐或欣喜若狂，也沒有為一時的平淡或寂寞而急躁以至抱怨。蘇軾一生甘於寂寞，一切都淡然置之，這就是他對人生的領悟。古今中外多少名人志士，都是笑看人生榮辱。

居里夫人是一位卓越的科學家，她一生兩次獲得諾貝爾獎，獲得其他獎項也達八次，各種獎章十六枚，各種名譽頭銜

一百零七個，但是她卻對成就看得很淡。有一天，她的一位朋友來她家做客，忽然看見她的小女兒正在玩英國皇家學會剛剛頒發給她的金質獎章，於是驚訝地說：「居里夫人，得到一枚英國皇家學會的獎章，是極高的榮譽，妳怎麼能給孩子玩呢？」居里夫人笑了笑說：「我是想讓孩子從小就知道，榮譽就像玩具，只能玩玩而已，絕不能永遠守著它，否則就將一事無成。」

一九一〇年，法國政府為了表示對居里夫人的尊崇，決定授予她騎士十字勳章，但是居里夫人拒絕接受。居里夫人——這位把榮譽看得淡如水的女性，正如愛因斯坦說過的：「在所有的著名人物中，居里夫人是唯一不為榮譽所腐蝕的人。」

低調，說起來容易，做起來卻是有些困難的。在這個大千世界裏，多姿多彩令我們大家怦然心動，名和利都是你我想要的，又怎能不喜不悲呢？這關鍵是你如何去看待，首先，要明確自己的生存價值，心中無過多的私慾，那就不會患得患失了；其次，要認清自己所走的路，得之不喜，失之不憂，不要過分看重成敗，不要過分在乎別人對你的看法。

追求低調是人生的一大樂趣，在面對榮辱時也要做到隨遇而安。「不以物喜，不以己悲」才是低調更深層的境界。林語堂曾說過：「一個強烈的決心，以攝取人生至善至美；一股股熱的慾望，以享樂一身之所有。但倘令命該無福可享，則亦不怨天尤人。」這就是對低調精神的精闢解釋。

坦然面對失敗，學會重新選擇

　　失敗很可能致命，失敗所造成的嚴重後果，往往不在失敗本身，而在於造成失敗這個人的態度。聰明的人能在失敗中學到教訓，處失敗於泰然，知道自己失敗之後應該怎麼做。愚蠢的人只會一再失敗，而不能從失敗中學得任何經驗。能從失敗中獲得教訓的人，才能建立更強的自信心，直接面對錯誤並積極改正、繼續努力，這樣的人才可能獲得成功。否則一遇到失敗就惶惶恐恐、不知所措，任其自然或想極力掩飾，這樣是不會有什麼作為的。

　　「我在這兒已做了二十年，」一位員工抱怨自己沒有被提升，「我比你提拔的很多人多十年的經驗。」

　　「不對，」老闆說，「你只有一年經驗，你沒從自己的錯誤中學到任何教訓，你仍在犯你第一年剛做事時的錯誤。」

　　好悲哀的故事！即使是一些小小的錯誤，你都應從其中學到些什麼。很多時候我們不要侷限在事實表面，不要以為錯了、失敗了，就是結果了，就無從選擇了，你要能透過事實看到本質，知道為什麼會犯這樣的錯誤，並加以改正才能有所進步。如果從一個失誤中你能省悟到一個或N個經驗，那麼這個錯誤就是值得的。

　　「我們白白花費了很多時間，」助手對愛迪生說，「我們

已經實驗了一千次，仍然沒找到能做白熾燈絲的東西！」

「不！」這位天才回答說，「我們已經知道有一千種不能當白熾燈絲的東西了。」

這種精神使愛迪生最終發現了鎢絲，發明了電燈，從此改變了人類歷史。

美國著名的鑽石天地公司，成立之初的目的是從事鑽石開採，但公司地質勘探人員犯了一個錯誤，使他們沒找到鑽石，卻發現了世界最大的鎳礦之一。公司決策人員立即調整了經營方向。結果公司的股票價格迅速飆升。現在儘管公司仍在使用以前的名稱，但其真正的業務卻是製造鎳幣。

有智慧頭腦的人不會讓失敗擋住雙眼，因為他們懂得放棄，懂得為了成功重新做選擇。

李維‧施特勞斯一開始想在加州開採金礦發財。然而他發現這種事對他並不適合。最後他不得不放棄金礦開採，轉向用帆布縫製礦工的褲子。如果當初他沒有做出這一重大抉擇，那麼今天我們也不可能在全世界幾乎每個角落，都能看到「LIVIS」牌牛仔褲。

俗話說：「退一步海闊天空。」我們正當年輕，當一時遇到困難、受到挫折的時候，不要以為一切都不可挽回了，告訴自己還有希望，此路不通，另闢蹊徑。做你想做的，你還是可以成功的。

維斯卡亞公司，是二十世紀八〇年代美國最著名的機械製造公司，其產品銷往全世界，代表著當時重型機械製造業的最

高水準。許多人畢業後到該公司求職都會遭到拒絕，原因很簡
單，該公司的高技術人員已經爆滿。但是令人垂涎的待遇和令
人自豪、炫耀的地位，仍然向那些有志的求職者煥發著誘人的
光環。

詹姆斯是某知名大學機械製造系的高材生，和其他人一
樣，在該公司每年一次的用人招聘會上，他的申請被拒絕了。
其實這時的用人招聘會已是徒有虛名了。但詹姆斯沒有心灰意
冷，他發誓一定要進入維斯卡亞重型機械製造公司。於是他採
取了一個特別的策略。

他找到公司人事部，提出為該公司提供無償勞動力。不管
公司分派給他什麼工作，他都不計任何報酬來完成。公司起初
覺得這不可思議，但考慮到不用任何付費，也用不著操心，於
是分派他去打掃工廠裏的廢鐵屑。一年來，詹姆斯勤勤懇懇地
重複著這種簡單勞累的工作。為了糊口，下了班他還要去酒吧
打工。這樣雖然得到了老闆及工人們的好感，但是仍然沒有一
個人提到錄用他。

一九九〇年初，公司的許多訂單被退回，理由都是產品品
質有問題，為此公司將蒙受巨大損失。公司董事會緊急召開會
議商議解決辦法，當會議進行了一大半卻毫無進展時，詹姆斯
闖入會議室，提出要直接見總經理。在會上，詹姆斯把問題出
現的原因做了令人信服的解釋，並且對工程技術上的問題，提
出了自己的看法，隨後拿出了自己對產品的改造設計圖。

這個設計非常先進，恰到好處地保留了原來機械的優點，

同時也克服了已出現的弊病。總經理及董事會的董事們，見這個清潔工如此精明在行，就詢問他的背景和現狀。詹姆斯面對公司的最高決策者們，將自己的意圖和盤托出。經董事會舉手表決，詹姆斯當即被聘為公司負責生產技術問題的經理。

原來詹姆斯在做清掃工時，利用清掃工可以到處走動的方便，細心察看了整個公司各部門的生產情況，並一一做了詳細記錄，發現了所存在的技術性問題，並想出了解決的辦法。為此，他花了將近一年的時間弄設計，做了大量的統計資料，為最後的成功奠定了基礎。

詹姆斯的聰明之處在於他在遇到難以克服的困難時，放棄了從正面進攻的方法，轉而採用了一個小小的策略，重新選擇了求職之路，最後取得了成功。

有的失敗轉眼就會被我們忘記，有些失敗卻能給我們留下深深的傷痛。但是不管怎樣，我們都不應該面對挫折驚慌失措、猶豫不決。失敗了，要勇於放棄引你走進失敗的那條路，果敢地為自己重新選擇一條通向成功的路。

❶ 命運就像一個知心的好朋友，當你犯錯誤，他會
讓你去吃些苦頭，小小懲罰你一下，督促你做出
改變；可是如果你還是執迷不悟，不聽這位「朋
友」的勸告，他將會離你遠去。

❷ 跌倒了的地方也有風景。我們要學會善待自己的
每一次失敗，因為失敗也孕育著成功的機遇。

❸ 失敗所造成的嚴重後果，往往不在失敗本身，而
在於造成失敗這個人的態度。

❹ 魚與熊掌不可兼得時，我們就要堅決放棄，正如
放棄了笨重的木筏，才能輕鬆上路，開始新的旅
行一樣。

遠離恐懼，
發掘生活的真正意義

恐懼是什麼

外面漆黑一片，而家中只有您一個人。除了電視節目發出的聲音外，整幢房屋都非常安靜。突然，你看到前門猛地關上了，並發出「砰」的一聲。於是你的呼吸加速、心跳加快，全身肌肉也驟然繃緊。不過你馬上就意識到那是風，沒有人試圖闖進你的家門。但是在那一瞬間，你感到非常害怕，並做出好像生命遇到了危險時的反應。你的身體表現出一種「對抗或逃避」的狀態，這是一種對任何動物的生存都非常重要的反應狀態。但是實際上，有時候根本沒有任何危險發生。那麼恐懼到底是怎麼回事呢？

恐懼是一種人類及生物心理活動狀態；通常稱為情緒的一種。

從心理學的角度來講，恐懼是一種有機體企圖擺脫、逃避某種情景，而又無能為力的情緒體驗。

其本質表現是生物體生理組織劇烈收縮，是大腦中的一系列反應，從某個令人緊張的刺激開始，並以釋放出可導致心跳加快、呼吸急促、肌肉繃緊，以及其他反應的化學物質結果，這些反應也稱為「對抗或逃避」反應。這種刺激可能是一隻蜘蛛、抵在你咽喉處的一把刀、等待你發表演講的一大群聽眾，或者是前門突然關閉的聲音。

其根本目標是生理現象消失，即死亡。

其產生原因是正常生理活動遇到嚴重阻礙。（生理阻礙會產生多種情緒，並按照順序發生，恐懼是序號中的一個。）

因受到威脅而產生，並伴隨著逃避願望的情緒反應。人類的大多數恐懼情緒是後天的，恐懼反應的特點，是對發生的威脅，表現出高度的警覺。如果威脅繼續存在，個體的活動少，目光凝視含有危險的事物，隨著危險的不斷增加，可發展為難以控制的驚慌狀態，嚴重者出現激動不安、哭、笑、思維和行為失去控制，甚至休克。恐懼時常見的生理反應有心跳猛烈、口渴、出汗和神經質發抖等，在恐懼反應中的肌張力、皮膚導電性和呼吸速度的增加，主要與腎上腺素的功能相聯繫，而憤怒的表現特徵，則主要與去甲腎上腺素相聯繫。

恐怖症是恐懼的一種病態形式。患者對某些事物（如狗、黑暗、燈光等），體驗到一種極度的和非理性的害怕，所產生的恐懼與現實刺激的危險性不相協調。

人為什麼會恐懼

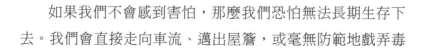

如果我們不會感到害怕，那麼我們恐怕無法長期生存下去。我們會直接走向車流、邁出屋簷，或毫無防範地戲弄毒

蛇，我們還會無所顧忌地與肺結核患者同居一室。在人類以及所有動物中，恐懼的目的都是為了更好地生存。在人類的進化過程中，對某些事物應有的恐懼，使人們能夠一代代生存下來。在此過程中，恐懼的特徵以及人類對它的反應，作為對種族有益的經驗而被摘選和積累起來。

在十九世紀，在人們圍繞進化過程所展開的爭論中，「恐懼面孔」（通常與驚恐相伴的睜大的雙眼、嘴巴張開的扭曲面孔）成為爭論的一個焦點。為什麼人們在害怕時會有那種表情？有些人說上帝為人類提供了一種方式，使得即使是語言不通的其他人，也能知道他們感到害怕。查理斯‧達爾文則認為這是由於對恐懼的進化反應，觸發的肌肉本能繃緊造成的。為證明他的觀點，他來到了倫敦動物園的爬行館。他盡量保持鎮靜，在玻璃另一側的鼓腹毒蛇，將肺部鼓起朝向他時盡可能靠近玻璃牆，而每次他都會面露驚恐並迅速跳開。他在自己的日記中寫道：「我的意願和理性，在面對從未經歷過的對危險的想像時，毫無招架之力。」他得出結論說，整個恐懼反應是一種古老的本能，現代文明的細微變化，也並未使之發生改變。

我們中的大多數人早已不在野外謀求生存，但來自古老本能的恐懼仍然存在。過去當我們在河邊提水突然撞見一頭獅子時，這種本能會起到一種保護作用。今天，它的作用依然如此。唯一不同的是現在我們是懷揣錢包走在城市的街道上。我們不會在半夜為抄近路而穿過空寂的小巷，這同樣也是基於為了更好地生存下去，而產生了合理恐懼，進而做出的決定。今

天只是具體的刺激物變了——但我們所面臨的危險與數百年前一樣多，我們的恐懼本能，仍然以同樣的方式保護著我們的安全。

達爾文從未有過被蛇咬的經歷，但他的反應仍像生命面臨危險一樣。我們中的大多數人從未接觸過瘟疫，但在看到一隻老鼠時心臟仍不免亂跳一下。對人類來說，除了本能之外，恐懼還涉及一些其他因素。人類有一種有時可算是不幸的預測能力，我們會預測可能發生的可怕事情——這些事情是我們聽到、讀到或在電視上看到的。大多數人並未經歷過飛機失事，但人們在坐飛機時，仍會緊張地雙手緊抓扶手。預測某種可怕事情的行為，會產生與實際經歷時相同的反應。而這也是一種進化帶來的好處：那些感到下雨了並預測會有閃電，於是在洞穴中躲過暴風雨的人們，更有機會避免數千伏特電流的打擊。

恐懼的反應迴路，可能由於進化而得到了不斷的強化，但恐懼還涉及另一方面的因素：條件反射。條件反射解釋了為什麼有些人像面對噴火怪獸那樣怕狗，而有些人則將狗現為家庭的一員。

消除恐懼，需要建立一種與恐懼反射的條件相反的條件反射。多數消除恐懼的行為治療，都是圍繞暴露療法進行的。例如對怕蛇的人實施治療時，可能需要當事人多次參觀養蛇場，並逐步觸摸它們。剛開始，當事人可以靠近蛇三公尺以內，並發現沒有可怕的事情發生。然後他可以再靠近到一點五公尺以內。當相距一點五公尺而沒有可怕的事情發生時，他可以靠得

更近些並嘗試觸摸它。持續這一過程，直至建立新的消除恐懼記憶——即「蛇不會傷害您」的記憶，並且這種記憶會抵消杏仁體中存在的對蛇的恐懼。雖然恐懼仍然存在，但這裏的目的是用新記憶覆蓋原來的恐懼記憶。

有效應用精神上的自我暗示

美國每年有四十五萬以上的非婚生兒童出生，有一百五十萬以上的少年，由於各種犯罪而進入管教所。這些人的悲劇在許多情況下都是可以避免的，如果：

(1) 父母學會了如何適當地應用暗示；

(2) 兒女被教以如何有效地應用精神上的自我暗示。那麼這些年輕人就能受到激勵，去發展不可違背的道德標準。他們會懂得如何用明智的辦法，去抵消和排斥他們同伴的令人討厭的暗示。

當然，每個人在他的一生中對不自覺的自動暗示，比對自覺的自動暗示更加經常地做出反應。在這樣的場合中，他對習慣和下意識的敦促能做出反應。當一個具有積極心態的人，面對著一個嚴重的個人問題時，自我激勵語句就會從下意識心理閃現，到有意識心理去幫助他。在緊急情況中，特別面對死亡

的時候，這一點就顯得尤為真實。我們成功學學習班的一個學生——澳大利亞昆士蘭州圖屋姆巴市的拉爾夫・魏卜納的情況就是這樣。

這是午夜一點三十分。在醫院的一間小屋裏，兩位女護士正在拉爾夫身旁守夜。在前一天下午四點半鐘時，一個緊急電話打到他的家裏，要他的家人趕到醫院夾。當他們到了拉爾夫的床邊時，他已處於昏迷狀態，這是嚴重心臟病發作的結果。一家人現在都待在外面走廊上，每個人都呈現出嚴肅的樣子，有的在擔心，有的在祈禱。在這燈光暗淡的病房裏，兩位女護士焦急地工作著——每人各抓住拉爾夫的一隻手腕，力圖摸到脈搏的跳動。因為拉爾夫在這整整六小時期間，都未能脫離昏迷狀態。醫生已經做了他覺得他所能做的一切事情，然後離開了這個病房給其他病人看病去了。

拉爾夫不能動彈、談話，或撫摸任何東西。然而他能聽到護士們的聲音。在昏迷時期的某些時間裏，他能相當清楚地思考。他聽到一位護士激動地說：「他停止呼吸了！你能摸到脈搏的跳動嗎？」

回答是：「沒有。」

他一再聽到如下的問題和回答：「現在你能摸到脈搏的跳動嗎？」「沒有。」

「我很好，」他想，「但我必須告訴他們。無論如何我必須告訴他們。」同時他對護士們這樣近於愚蠢的關切，又覺得很有趣。他不斷地想：「我的身體良好，並非即將死亡。但是

我怎樣能告訴他們這一點呢？」於是他記起了他所學過的自我激勵的語句：如果你相信你能夠做這件事，你就能完成它。他試圖睜開眼睛，但失敗了。他的眼瞼不肯聽他的命令。

事實上，他什麼也感覺不到。然而他仍努力地睜開雙眼，直到最後他聽到這句話：「我看見一隻眼睛在動——他仍然活著！」

「我並不感覺到害怕，」拉爾夫後來說，「我仍然認為那是多麼有趣啊！一位護士不停地向我叫道：『魏卜納先生，你在那裏嗎？』對這個問題，我要以閃動我的眼瞼來作答，告訴他們我很好——我仍然在世。」

這種情況持續了相當長的一段時間，直到拉爾夫通過不斷地努力，終於睜開了一隻眼睛，接著又睜開了另一隻眼睛。恰好這時候醫生回來了。醫生和護士們以精湛的醫術、堅強的毅力，終於使他起死回生了。

當拉爾夫處在死亡面前時，他記起了他從成功學學習班所學到的自動暗示，正是這個自動暗示拯救了他。

須知我們所讀的書和所想的思想，都能影響我們的下意識心理。另外也有著看不見的力量，同樣起著強大的作用，這種不可見的力量，可能是來自已知的生理原因，或者來自尚未瞭解的來源。讓我們用一個例子，來說明已知的生理原因。自從伯卡德的《隱藏的說服者》出版以來，就成了普通常識。這個例子中的故事首先出現於美國的報紙，後來轉載於各雜誌。讓我們考慮一下曾經發表於美國主要雜誌的一個報告，這個報告

的主題是潛在的廣告，它講到在紐澤西州一家電影院所進行的一次實驗。在這次實驗中，廣告資訊迅速地閃現在銀幕上，致使觀眾不能有意識地瞭解它。

在六個星期中，光臨戲院的四萬多人，不自覺地成了實驗的對象。這個實驗用特殊的方法，把兩則產品廣告的資訊閃現在銀幕上，使它們不為肉眼所見。在六個星期的末了，實驗結果被列成了表：其中一種產品的銷售，上升百分之五十以上，另一種產品的銷售上升約百分之二十。

這個方法的發明者解釋道：這些廣告資訊雖然是不可見的，它們仍然對許多觀眾起了作用，因為雖然它們給人的印象飛逝而過，不能為觀眾有意識地記在心中，但觀念的下意識心理，卻有能力吸收這些印象。既然這個實驗已經證明了下意識心理能幫助人們達到某種目的，那麼如果把下面的自我激勵語句閃現在電影銀幕上，就會很容易地看到這些語句，對觀眾會發生什麼有利的結果。

每一天，在各方面，你正在變得愈來愈好！

要有勇氣面對真理！

人的心理所能夠設想和相信的東西，人就能用積極的心態去得到它！

對於那些具有積極心態的人說來，每種災難都含有等量或更大利益的種子！

你能夠做到這件事，如果你相信的話！

假定事先得到了觀眾的同意，把這些語句映到電影銀幕

上，就可能是一條發展積極心態的途徑。

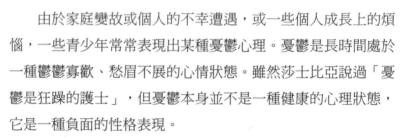

消除恐懼抑鬱，走出陰影

由於家庭變故或個人的不幸遭遇，或一些個人成長上的煩惱，一些青少年常常表現出某種憂鬱心理。憂鬱是長時間處於一種鬱鬱寡歡、愁眉不展的心情狀態。雖然莎士比亞說過「憂鬱是狂躁的護士」，但憂鬱本身並不是一種健康的心理狀態，它是一種負面的性格表現。

對於抑鬱性格，英國詩人拜倫曾經這樣描寫它：「憂鬱坐在我身上，像伴隨著天空的一塊雲，它不讓一道陽光穿過，也不讓一滴雨落下，最後，而是擴散它自己。它像人與人之間的妒忌——一種永恆的薄霧——扭曲天和地。」憂鬱的性格不僅使人在生活中見不到陽光，還會影響其親密人際關係的建立和自我評價，而且與憂鬱結伴而行的是自卑、自戀和狂躁等消極的心態。

抑鬱是性格的弱點、意志薄弱的表現，是一種心境低落的情緒障礙，抑鬱的人常常感覺疲憊，心煩意亂，了無生趣，自卑憂鬱，焦慮甚至無助，悲觀甚至厭世。抑鬱情緒有時是受到外界刺激，表現出的失意和不高興的反應。現代生活節奏的加

快，壓力的增大，使得人們常常要面對失意：當我們沒考上明星高中時、當我們失戀時、當我們遭遇自然災害及交通事故時，我們都會因為這些精神刺激而受到打擊，失意幾乎是不可避免的。

憂鬱情緒隨時都會發生，抑鬱的情緒如果不能夠及時得到控制，它將演化為一種心理疾病——憂鬱症。憂鬱症會損壞一個人的生理和心理的健康，甚至會讓人產生輕生的念頭和行為。

作家三毛少年的時候，總是快快不樂的樣子，自小便不與其他小朋友合群，沒有快樂的童年。從她接觸的環境及作品裏，可以看出她患有憂鬱症，表現為退縮、寂寞、憂鬱。在《夢裏花落知多少》一文中，她說：「如果選擇了自己結束生命的這條路，你們也要想明白，因為在我，那將是一個幸福的歸宿。」

選擇自殺何稱之為幸福？是因為沒有哪一種疾病像憂鬱症那樣使人痛苦——心靈痛苦，肉體也痛苦。當人們還不認識憂鬱症時，自殺，也許是三毛必走的路。

才十歲竟想到自己活不到穿長筒襪的二十歲就會死去，後來三毛考上好的女中，但她古怪的性格絲毫沒有改變，只是越來越內向，身體也變得越來越弱。因為不能適應學校生活，十三歲時自殺過一次，表現為青少年適應不良的抑鬱和焦慮。又有一次，三毛難以承受男友病故這一致命的打擊，當即吞下了一把安眠藥，但被搶救過來了。這是她第二次自殺。後來，又

一次悲劇到來了，和自己共同度過六年幸福生活的丈夫荷西，在潛水中意外喪生。三毛的身心在一夕間徹底崩塌了，於一九九一年一月四日，在臺北榮民總醫院自殺，結束了四十八歲的生命。

將三毛送上自殺道路的原因，不是一生所遭際的不幸，而是抑鬱的人格。生命對於一個人是最珍貴的，抑鬱葬送了一代才女的生命，抑鬱釀成一場不可挽回的悲劇。

隨著社會經濟的快速發展，競爭壓力的日益加大，憂鬱症患者逐年增多，並且已經涉及更多的青少年。憂鬱症指的是以情緒障礙為主要特徵的綜合症，有別於正常的情緒低落。其基本表現是心境顯著而持久的低落，同時伴有相應的思維和行為異常。

性格嚴重內向或抑鬱者，承受挫折的能力不強，易受到事情消極面的影響，讓自己痛苦不堪，無法自拔。因此青少年必須糾正自己的一些不良性格，掌握自我合理宣洩情感的技巧，建立起良好的自我防禦機制。

一旦遭受挫折，可以改善策略，或降低目標，或重新選擇手段，再做嘗試；可以暫時放棄當前目標，從別的方面獲得成功來予以補償；可以採取妥協折衷的辦法，找理由進行自我安慰；要有點「酸葡萄精神」和「阿Q」精神，悅納自我、悅納現實。俄國作家契訶夫在《生活是美好的》一文中，對企圖自殺者說：「為了不斷感到幸福，那就需要善於滿足現狀；很高興地感到事情原本可能更糟呢。」他舉例說：「要是你的手指

頭紮了一根刺，那你應高興說挺好，多虧這根刺不是紮在眼睛裏！」

在你生活的環境中，蒙上你的眼睛，體會一下盲人；堵上你的耳朵，體會一下聾人；閉上你的嘴巴，體會一下啞巴；捆上你的雙腿，體會一下坐輪椅的朋友。用一個小時的時間體會有上述缺陷的人，他們面對如此的困難和挫折，都頑強地與命運抗爭，認真地生活著。我們比上述的任何一種人都要幸福，我們能夠直面世界，傾聽聲響；滔滔不絕，行走世間。為了一點困難和挫折……就痛苦成這樣，那豈不是太脆弱了！因為現實生活中，需要我們用這種精神勝利來安慰自己，求取心理平衡。

當然，我們一般人的抑鬱情緒只是暫時的，應該積極地調整自己的心理，不要恐懼抑鬱，要知道比抑鬱更可怕的是對抑鬱的恐懼。正如有人曾說：「抑鬱就像是人類的冬眠。」正常人也會抑鬱，並不是只有憂鬱症患者才會抑鬱。如果稍微一有情緒的風吹草動就冠以憂鬱症之名，就不值得了。

情緒整理術

❶ 為什麼感到害怕無關緊要。知道自己為什麼會有某種特定的恐懼，對你戰勝恐懼沒有什麼幫助，而且這會妨礙你在真正能夠減輕恐懼的方面做出努力。因此不要再嘗試找出恐懼的原因。

❷ 瞭解使你感到恐懼的事物。不確定性在恐懼的構成中，佔有很大比例。瞭解你所害怕的對象，非常有利於最終消除那種恐懼。

❸ 如果你害怕某事物，那麼可以找一個不怕它的人，並與他一起相處。當你嘗試戰勝恐懼時，讓他陪伴著你──這會讓事情變得更容易。

❹ 如果你害怕在眾人面前講話，可能是因為你認為人們會對你做出評價。嘗試想像著聽眾們都赤身裸體──而自己作為房間中唯一穿衣服的人的體驗，會讓你置於評判者的位置。

❺ 只考慮每個後續的步驟。如果你有懼高症，那麼不要一開始就考慮站在四十層高的樓臺上，而只是考慮先走進大廳。

停止抱怨，
世事不要怨天尤人

我們不該怨天尤人

　　一位名人曾經說過：「有所作為是生活的最高境界，而抱怨則是無所作為，是逃避責任，是放棄義務，是自甘沉淪。」不論我們遭遇什麼樣的處境，如果只是喋喋不休地怨天尤人，那麼註定於事無補，還會把事情弄得更糟，而這也絕不是我們的初衷。無論如何，我們都不應該怨天尤人，而是要靠自己改變生活並獲得幸福。

　　有這樣一個帖子，出現在BBS上：「我沒有錢，我只有花樣的年齡，未加修飾的容貌。我每天穿著樸素的衣服，站在花枝招展的同學中間。我每週都要坐二個小時的公車，去給那個高傲的小女孩做家教。她有錢，可是連水都不想給我喝。我的家庭很窮。我的媽媽每天割豬草，雙手佈滿老繭；我的父親，風燭殘年，可還要在建築工地打工。為了可憐的學費，我不期待愛情，我沒有漂亮衣服，沒有化妝品，我的電腦也是二手的，所以我恨這個世界……」

　　初看到這個帖子，大家可能都為留言者鳴不平，為她可以靠自己能力賺錢讀書的事蹟感動，但是看到最後，就會發現原來她只是在發洩那一腔怨氣。她在怨人與人之間的不公平，怨自己家庭的貧窮。其實母親手上的老繭，風燭殘年還要打工的父親，這些都應該是自己奮鬥的動力，而不應成為恨這個世界

的原因。我們不能選擇出身，但我們可以改變命運，不應有恨。

　　放棄怨氣，從另一個角度來看待生活中的不公，你就會發現世界的一切都是美好的。就這個女孩子來說，第一點，她能夠經過十年寒窗，考上知名大學，是實現了自我奮鬥的價值。因為在大學錄取上，可是沒有貧富貴賤之分，分數面前人人平等。她用自己的努力，證實了自己的實力，這是值得高興的事情，為什麼要抱怨呢？第二點，她現在雖然在讀書，卻已經自食其力，通過家教賺學費，這是許多嬌生慣養的孩子做不到的，就憑這一點，更值得自豪，又為什麼抱怨呢？即使「沒有漂亮衣服」、「沒有化妝品」，妳依然很漂亮，因為妳有能力、有自信，這是多少金錢都買不到的。第三點，通過家教，與人打交道，認識各式各樣的人，鍛鍊了自己的實踐能力，也為將來步入社會累積了經驗，這是在課堂上是學不到的，也將是自己上大學的一份獨特經歷。我們知道市場經濟最顯著的特徵就是競爭，競爭就會優勝劣汰，而自己較早地體會到這些，加上所學的知識和經驗，將來就可以脫穎而出。如此分析之後，相信那個女孩就不會再有抱怨了。

　　也許會有人說這類似阿Q的精神勝利法，誰不希望一切都好呢？誠然，一切都好是最好的，但是世界就是這樣，不可能做到事事公平、人人平等，太陽底下尚有陽光照不到的角落，何況塵世間暫時的落差呢！地球就有山川和河流，有高山有峽谷，重要的是它們都有各自的美好，只是我們需要從不同的角

度欣賞它們。人生也是如此，面對不同的境遇，我們需要改變自己的思維方式，努力去發現、營造它的美好。比如生在不如意的家庭，我們無法改變，但是它可能培育我們自強、堅忍的個性，這又何嘗不是一種美好呢？所以我們遇到問題要多從自身找找原因，放棄怨天尤人，不能一味地埋怨命運、埋怨別人，那樣就是機遇來臨，也會與之失之交臂的，只會使我們更加不如別人，更加怨天尤人，如此惡性循環，一生只會在怨氣中渡過。

有一天，有隻烏鴉向南方飛去。在途中，它碰到一隻鴿子，兩隻鳥一起停下來休息。鴿子非常關心地問烏鴉：「烏鴉老兄，你要飛到哪裡去呀？」烏鴉憤憤不平地回答：「鴿子老弟，這個地方的人都嫌我的聲音難聽，所以我想飛到別的地方去。」鴿子聽後，趕快忠告烏鴉說：「烏鴉老兄，你飛到別的地方還是一樣有人討厭你的聲音，你自己若不改變聲音和形象，到哪裡都沒有歡迎你的。」烏鴉聽了，低下了頭。

烏鴉最終沒有通過自己的努力改變聲音，所以一直得不到人類的喜愛，以至於今天人類還把烏鴉的叫聲當做不祥的預兆，當某人說話大家不愛聽時，還會被叫做「烏鴉嘴」，而烏鴉家族們也在世世代代地埋怨著人類。

生活中，同樣有許多人總喜歡責怪別人，埋怨環境不好，埋怨別人不喜歡他，但是自己總不反省自己的行為舉止，是否值得他人尊重以及喜愛。假如一個人不經常反省自己，只會埋怨一切，他就會和烏鴉一樣，處處惹人討厭。

　　如果我們想抱怨，生活中的一切都會成為我們抱怨的對象；如果我們不抱怨，生活中的一切都值得我們欣賞。

　　沒有一種生活是完美的，也沒有一種生活會讓人完全滿意，如果我們經常怨天尤人，久而久之就會成為一種習慣，就像搬起石頭砸自己的腳，與人無益，於己不利，生活也就成了牢籠。

　　生活本來就是由酸、甜、苦、辣組成的，面對一些事情，我們不妨放棄怨天尤人，與其抱怨，不如改變，換一個角度，更加努力，相信成功離自己就不會太遙遠了。《國際歌》歌詞裏有一句唱得好：「從來就沒有什麼救世主，也不靠神仙皇帝，要創造人類的幸福，全靠我們自己。」要想改變命運，獲得幸福的人生，只有放棄怨天尤人，靠自己的努力去爭取。

放棄抱怨和指責

　　當人們處於不愉快的狀態中時，抱怨就會隨之出現，而且它還會與怒氣聯起手來，把人攪得思維混亂。其危害性就如同數學中的平方，這種幾何升級常打得人措手不及。但是如果我們能夠把這種不快進行開方處理，那麼結果總會風平浪靜。

　　一個人因為一件小事和鄰居爭吵起來，爭論得不可開交，

誰也不肯讓步。最後那人氣呼呼地跑去找牧師，牧師是當地最有智慧、最公道的人。

「牧師，您來幫我們評評理吧！我那鄰居簡直不講理！他竟然……」那個人怒氣沖沖，一見到牧師就開始他的抱怨和指責，正要大肆指責鄰居的不對，就被牧師打斷了。

牧師說：「對不起，我現在正有事，麻煩你先回去，明天再找我說吧。」

第二天一大早，那人又憤憤不平地來了，不過，顯然沒有昨天那麼生氣了。

「今天，您一定要幫我評出個是非對錯，那個人實在太不像話了……」他又開始數落鄰居的劣行。

牧師不快不慢地說：「你的怒氣還沒有消除，等你心平氣和後再找我說吧！正好我的事情還沒有辦好呢。」

一連過了好幾天，那個人都沒有來找牧師。碰巧，牧師在前去佈道的路上遇到了那個人，他正在農田裏忙碌著，心情顯然平靜了許多。

牧師問道：「現在，你還需要我來評理嗎？」說完，微笑地看著對方。

那個人羞愧地笑了笑，說：「我現在已經心平氣和了！想來也不是什麼大事，根本就不值得生氣的。」

牧師仍然不快不慢地說：「這就對了，我之所以不急於和你說這件事，就是想給你時間消消氣啊！記住：不要在氣頭上輕易說話或者行動。」

　　生活中我們總是會遇到很多不順心的事情，很多人總是為了一點小事而生氣，不是不停地抱怨，就是針鋒相對地指責，最終釀成大的過錯。當我們在怒火正旺的時候，不妨告訴自己：等三天之後，再想這件事情吧。其實如果真的等到心平氣和的時候，我們會發覺根本就沒有什麼是值得抱怨的，也沒有什麼值得生氣。

　　進行開方處理就是不要在怨氣與怒氣正盛時，輕易說話或行動，因為這正是人思維混亂的時候，根本不能理性地看待問題，總是將事情的嚴重性誇大，往往釀成大的過錯，尤其是脾氣暴烈的人，更應該慢慢學著控制一下自己的情緒，以化解不快。

　　在遇到事情給自己難堪時，我們還可以採用一種迂迴的方式，我們來看看下面這個年輕人，是怎麼把不快進行開方處理的。

　　在一輛乘客擁擠的公車上，司機緊急剎車時，一個年輕人猛地撞到一個小姐身上，小姐誤會了，以為是年輕人故意使壞，說了一句：「看你那德性！」在當時那種場合，年輕人是無論如何也解釋不清的，但聰明的他大聲說：「小姐，妳錯了，這不是我的德性，是車的慣性。」全車頓時一片笑聲，緩解了車內緊張的氣氛，聰明的年輕人用幽默的語言說明了眼前發生的事情，既讓自己擺脫了窘態，也讓小姐明白了真相，避免了一場意外的誤會，還成全了小姐的面子。

　　被人在公開場合侮辱，任何人都難免產生不快，可是這個

年輕人卻用幽默化解了這種不快，贏得了人們的尊敬。這是對世界入木三分的洞察，含蓄詼諧，寓意微妙深邃，這是一種機智地處理複雜問題的應變能力，能以驚人的自制能力防止在對方刺激下誘發出不良情緒，使雙方的對抗情緒得以緩解，它是人們化解不快的一種好方法。

在人際關係中，如果遇到別人給自己難堪，我們還可以用機智去化解不快，即使是僵局也會獲得新生，既給自己挽回了尊嚴，也給對方一個臺階。

美國總統林肯正在演講，一個青年遞給他一張紙條。林肯打開一看，上面只有一個單詞：「笨蛋。」林肯臉上掠過一絲不快，但他很快恢復了平靜，笑著對大家說：「本總統收到過許多匿名信，全部只有正文，不見寫信人的名字，而今天正好相反，剛才這位先生只署上了自己的名字，卻忘了寫正文。」

林肯面對這樣的「羞辱」並沒有火冒三丈，將事情擴大化，不僅展現了自己的智慧、機敏和胸懷，也在暗中「教訓」了那個青年。

縱觀那些成功的人，無不是心胸開闊、襟懷坦蕩，他們不會因為細微小事而斤斤計較、抱怨指責、針鋒相對、大動肝火，而是凡事抱著達觀隨和的態度，輕鬆自如地化解了矛盾。不據理力爭並不是懦弱忍氣吞聲，而正體現了一個人的涵量和修養，化干戈為玉帛代表著智慧，也是一種能力的展現。

因此在遇到讓我們不快的事情時，要學著放棄抱怨和指責，不要求全責備，考慮能否用其他更好的方法解決，進而才

能取得化干戈為玉帛的圓滿結果。

學會平心靜氣地等待

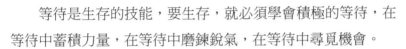

　　等待是生存的技能，要生存，就必須學會積極的等待，在等待中蓄積力量，在等待中磨鍊銳氣，在等待中尋覓機會。

　　在人生的道路上，如果沒有耐心去等待成功的到來，那麼只有用一生的時間去面對失敗。

　　在漫長的人生旅途中，總有一段除了等待以外，再也沒有辦法可以通過的階段。人的能力是有限的，總會碰到好多事情，自己沒有能力解決而又無可奈何，為了更好地生存和發展，在這個階段我們必須等待。人生沒有過不去的坎，遇到不順利的事情，如果無法改變，我們就需要暫時的等待。

　　蛹只有經過等待破蛹，才能化為漂亮的蝴蝶。人生何嘗不是如此呢？煎熬、磨鍊、挫折、困難……這些都是成長的必然過程與代價。我們必須以平常心去看待等待，絕不能因此而抱怨不已。只有經過等待，才能體會到快樂的來之不易，才能體會戰勝困難的喜悅，才能變得更加堅強，才能更好地領會人生的意義。

　　要想吃到可口的果實，必須等到果子熟透；要想喝上醇香

的美酒，也要有耐性等待漫長的窖藏。很多事情我們必須等待，心急如焚不行，揠苗助長更不可取。要知道，正是我們在長夜裏甜蜜酣睡的時候，也許屋外的花蕾正競相綻放，在黎明時分為自己準備了一份驚喜。

有這樣一則寓言：

一條小河，此岸遍佈荒草和荊棘，彼岸卻繁花似錦，鳥鳴縈縈。此岸有幾條毛毛蟲，非常嚮往彼岸，牠們抱怨牠們的母親，為什麼把牠們生在這種鬼地方。蝴蝶母親說：「你們知道嗎，出生在這邊比那邊更安全。要想到彼岸，一定要等到長大，現在還不是時候。」毛毛蟲們都不以為然，只有一隻例外。

一天，一個男孩在小河裏游泳，出於好奇，游到此岸。幾條毛毛蟲迫不及待地落在男孩頭上，想趁機到彼岸去。不想男孩返回時，在下水的瞬間，發現了頭上的異樣，三兩下就弄死了那幾條毛毛蟲。

不久，彼岸又游過來幾隻鴨子，又有幾條毛毛蟲蠢蠢欲動，想借助鴨子到達對岸，儘管這種嘗試異常危險。但牠們還是看準機會，落在幾隻鴨子的身上。鴨子們起初並不知道。就在毛毛蟲們暗自得意的時候，鴨子們發現了彼此身上的美味，接下來就是飽餐一頓。

儘管如此，剩下的毛毛蟲對彼岸的嚮往並未消失。牠們仍然在尋找機會。機會終於來了。一日，河裏起了大風，風向竟是從此岸吹向彼岸。毛毛蟲們紛紛爬上落葉。落葉頃刻就被風

吹到河裏，這正是它們想要的：以葉為舟，渡過河去。但不幸，風太大，那些樹葉都被掀翻了，毛毛蟲們都被淹死了。

那唯一聽媽媽話的毛毛蟲，慢慢長大，變成一隻蝴蝶，飛過河，到達了美麗的彼岸。

確實，人生並非處處順利平坦，不總是鶯歌燕舞，常會伴隨著幾多不幸、幾多煩惱。一旦遭遇不順和困難，我們就需要慢慢等待，畢竟勝利的喜悅和醇厚的美酒，都是需要時間的積澱才能享受的。

萬事俱備，只欠東風。但東風並不是每天都會來的，更不會事先預約。在東風來臨之前，我們能做的就是稍安毋躁，耐心等待。

就像白楊和銀杏，把它們同時栽下，享受同樣的陽光，同樣的水土，同樣的條件，但結果卻是白楊生得高大，銀杏生得矮小。為什麼呢？這是因為珍貴的東西總是慢慢成長。

梅花鬥豔，獨立寒枝，是在等待春天；雨聲瀟瀟，花木入夢，是在等待晨曦；江河咆哮，一瀉千里，是在等待入海；鷹立如睡，虎行似病，是在等待出擊。

有些事情是不能等的，但有些事情是必須要慢慢等的。學會等待，有些事情才能化解，我們才能釋懷某些感情，才能慢慢品味人生。

等待不是無所作為，而是為了有所作為。因此我們必須放棄等待中無所事事的埋怨，學會積極地等待，學會用等待驅散黑暗，用等待走出逆境，用等待迎接命運的每一次挑戰。

情緒整理術

❶ 太陽每天都是新的。我們應該時時刻刻都必須跳出不幸的泥潭，從新開始。

❷ 只要是金子就不會被埋沒，在遇到挫折時，不要抱怨命運的不公，應該先冷靜下來從自身找原因。

❸ 你抱怨命運的不公，其實是在漠視自己的懶惰，無視自己的不作為，最終，你放棄的是自己的時間和整個人生。

❹ 每個經歷挫折後取得成功的強者，都有一個共同的體會，那就是不要老埋怨一切，應該建立自信，只要相信自己，即使追求的目標如移山倒海，也終有成功的一天。

拓寬心胸，
別太把自己當回事

能容納別人的不同觀點

　　每個人的性格不同，看待問題的觀點也不會和自己一樣，這就要我們能容納別人的不同觀點。能容納別人的觀點，不僅能讓自己和別人友好地相處，也會因為不同的聲音，讓我們獲得新的收穫。

　　在這個大千世界裏，每個人的生活方式都是不一樣的，別人不可能按照自己的想法來思考問題，這樣不可避免地就產生衝突和矛盾。有的人會在衝突面前暴躁，甚至失去理智，而懂得包容的人則會頭腦清醒、心平氣和。

　　平心靜氣，巧避鋒芒，就是教我們要正視矛盾，認識現實。同時又要對現實持樂觀豁達的態度，這樣做，就可以容納別人和自己不一樣的觀點，面對爭執能夠進行自控。

　　唐太宗李世民重用魏徵，以人為鏡，開創了貞觀年間的太平盛世，被稱為善於納諫的典範。但是魏徵的直諫有時也讓他很難堪。一次，唐太宗要去郊外狩獵，魏徵進言道：「眼下時值仲春，萬物萌生，禽獸哺幼，不宜狩獵，還請陛下返宮。」唐太宗興趣正濃，堅持出遊。魏徵就站在路中央，堅決攔住去路。

　　唐太宗怒氣沖沖地返回宮中，見到皇后長孫氏，義憤填膺地說：「一定要殺掉魏徵這個老頑固，才能解我心頭之恨！」

皇后柔聲問明緣由，也不說什麼，只悄悄地回到內室穿戴上禮服，然後莊重地來到唐太宗面前，叩首即拜，口中直稱：「恭祝陛下！」唐太宗驚奇地問：「何事如此慎重？」皇后回答：「妾聞主明才有臣直，今魏徵言直，由此可見陛下之明，妾故恭祝陛下。」唐太宗轉怒為喜，這才打消了給魏徵治罪的念頭，冷靜下來認真地分析了魏徵的進諫觀點。

我們要學會包容那些意見跟我們不同的人，這樣日子就會變得輕鬆。如果我們一心想讓對方服從我們，不僅會得到相反效果，還會讓我們自己也很痛苦。我們要學怎樣去包容對方。

「水至清則無魚，人至察則無徒。」包容是理解和溝通的橋樑。不懂得包容別人的不同觀點，拒人於千里之外的人，常常處於孤立和被動的地位。包容是一種真誠和心境，而不僅僅是一種姿態、一種形式，更不是一塊敲門磚。能夠容納別人的人，必須擁有一定的修養，必須擁有大無畏般的勇氣。

「海納百川，有容乃大。」「大肚能容，容天下難容之事。」我們只要學會包容，才能廣開言路，博採眾長。對別人的包容，更展現了我們的胸懷和氣度。面對和別人的分歧，我們要以平靜的心態，聽取不同的意見，包容他人不同於自己的意見，容納他人對自己過錯提出的建議，這樣更是展現了一種過人的涵養和境界。

渴望別人容納自己的人，要學會容納別人，容納是對心靈的善待。學會了容納別人的不同觀點，才能保持一種開朗與豁達的心境，才能夠處亂不驚，臨危不懼。

　　因此我們面對別人的不同意見時，要多方位思考，不能侷限在自己的思維當中，僅僅活在自己的世界中，當然無法聽取別人的不同聲音。

　　對於別人的不同觀點，我們要做到平心靜氣，不把自己的觀點強加在別人頭上。如何能平心靜氣呢？

　　一方面要用平靜的心情與他人交談。在交流中發生意見分歧，一時難以得到統一時，不必急於要求達成一致意見，讓別人服從自己的想法，要能夠平心靜氣，運用智慧，巧避鋒芒；另一方面根據別人的意見思考問題，站在別人的立場從多個角度思考，也許就能明白對方的思維模式，或有一些新的發現。

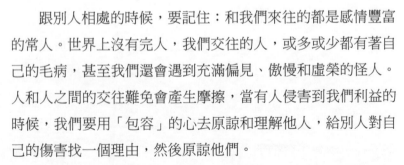

給別人的錯誤找個理由

　　跟別人相處的時候，要記住：和我們來往的都是感情豐富的常人。世界上沒有完人，我們交往的人，或多或少都有著自己的毛病，甚至我們還會遇到充滿偏見、傲慢和虛榮的怪人。人和人之間的交往難免會產生摩擦，當有人侵害到我們利益的時候，我們要用「包容」的心去原諒和理解他人，給別人對自己的傷害找一個理由，然後原諒他們。

　　拿破崙曾率領部隊宿營在一個小鎮上，這個小鎮盛產葡

萄，當天夜裏，一個士兵感到口渴，一時找不到水，便悄悄地來到葡萄架下，順手摘下一串葡萄吃起來。第二天一大早，葡萄園主發現地上的葡萄皮，立刻判斷是來此宿營的大兵偷吃了葡萄，他找到拿破崙很生氣地說：「你手下人偷吃了我的葡萄，你必須查出來是誰幹的！然後賠償我。」

拿破崙一開始不相信，便帶著助手與葡萄園主一起來到葡萄架下，果然看見了滿地的葡萄皮，拿破崙急忙賠不是，並拿出錢給葡萄園主，這才讓葡萄園主消了火。

拿破崙很氣憤，他想一定要查出偷吃葡萄的士兵，好好地懲罰他一頓。但他很快又冷靜下來，告訴自己要忍住氣，因為眼下正是用人之際，處罰一個人是小事，但會影響到全軍士兵的士氣，同時，他又從人性化角度為那個士兵考慮，長年累月的戰爭，士兵們吃了很多苦頭，看見誘人的葡萄能不流口水嗎？這樣想過後，拿破崙放棄了查辦偷吃葡萄者的決定。

助手不明白拿破崙為什麼這麼做，便問：「你為什麼不處罰那個偷吃了葡萄的士兵呢？」拿破崙回答道：「眼下正是士兵出生入死的時候，他們的表現一直很優秀，如果拿一點兒小事去衡量一個人的功過對錯，那就未免有些小題大做了。」

後來這事傳到了軍營中，士兵無不感動，那位偷吃葡萄的士兵控制不住感情，勇敢地站出來，找到拿破崙，向拿破崙行了一個軍禮，說：「是我因找不到水喝，一時喪失意志，偷吃了葡萄，請處罰我吧！」

拿破崙見此情景，心裏很高興，他想，做一位出色的領導

者，就要有容忍和寬容之心，假如我真的要處罰這位戰士的話，軍隊顯然就會出現一個整天愁眉苦臉的士兵，這樣我們將怎樣實現打勝仗的計畫呢？他拍了拍士兵的肩膀，說：「我能諒解你這一回，但以後要加強自我約束。」

就這樣，偷吃葡萄的事情，就在拿破崙的容忍與寬容下平息了。那位士兵跟隨拿破崙轉戰南北，每次戰鬥他都勇敢頑強，衝鋒在前，立下了赫赫戰功。

用一顆包容的心對待他人，提高了人生境界。拿破崙包容了士兵的錯誤，這讓士兵們更加的效忠於他。用愛心來幫助他人改正過錯，比責罵、教訓獲得的效果更好，因為愛是種包容、是種關懷，它最具有力量。

老楊老兩口退休後，搬到了郊區的房子裏，房前有一小塊空閒的土地，老兩口就在空地上栽種了一些花草。荒蕪的土地變成了美麗的花園，自然讓年事已高的老兩口多了一些逸趣和欣喜。只是花圃旁邊有一條小路，一到雨天就泥濘不堪，於是行人就紛紛從花圃中繞行。一家人看著那些被踐踏了的花草，痛惜不已。

週末，老楊拉了兩車煤渣，墊好了花圃旁邊的那條小路。晚飯時，老楊樂呵呵地對女兒說：「再有雨天，我們的花圃也會安然無恙。」看出女兒有些迷惑，老楊淡定地說：「行人踩踏花草，是因為雨天小路泥濘，不得已才從花圃借道。」

女兒不禁驚歎於父親的包容。是啊，行人多是避免自己滑倒，或者陷入泥濘，才從花圃經過。倘若花圃旁邊的小路雨天

也便於通行，肯定就沒人再去踐踏花草了。

　　仔細想來，人與人之間的交往又何嘗不是這樣呢？如果我們主動伸出友愛之手，給「泥濘」以「煤渣」，那麼誰還願意去踐踏別人的花圃呢？

　　有的人傷害了對方，完全是一種自我保護意識，而這種意識人皆有之，通常是為了使自己不受傷害。其實每個人的心都是那個花圃，人生之旅則是花圃旁的那條小路，而鋪路的煤渣則象徵著友愛。生活的天空不盡是風和日麗，偶爾也會雨雪交加。

把優越感讓給別人

　　法國哲學家羅西法古說：「如果你要得到仇人，就表現得比你的朋友優越吧；如果你要得到朋友，就要讓你的朋友表現得比你優越。」在人際交往的世界裏，那些聰明、謙讓而豁達的人，總能贏得更多的朋友；相反，那些妄自尊大，高看自己，小看別人的人，總會引起別人的反感，最終在交往中，使自己走到孤立無援的地步。

　　明朝的徐達，智勇兼備，是朱元璋手下的一員得力幹將，幾乎每逢較大戰役，他都要被委任為主帥。朱元璋在每次出征

前總要對他說：「將在外，君不禦，將軍認為該如何就如何好了。」話雖每次都這麼說，但他卻能隨時隨地控制徐達，他的心腹無時不在監視著徐達的一舉一動。徐達深知其中機關，所以並不因為朱元璋的那句話而任意妄為，而是每逢稍大一點兒的事，都必派親信報給朱元璋，處處突出朱元璋的主體地位，讓他有一個做「上司」的優越感，因而才一直沒有遭貶，甚至被加害的厄運，君臣關係相處得不錯。

現代社會也不乏這樣把優越感讓給別人的事例，他們不但把優越感分給上司，還分給同事、下屬。通常我們所見那些備受愛戴的領導者，大都是為人十分低調，把工作的成績能夠分給每一個自己身邊的人，他們在受到表彰和嘉獎時，通常會說：「這不是我一個人的榮耀，這是整個團體的榮耀，是整個團體的功勞，我沒什麼可以炫耀的，要嘉獎就嘉獎在座的所有人吧，是他們創造了我們的奇蹟！」而總是處處凸現自己的人，就會遭到別人的冷落。

邱麗雲是某市人事局的一名職員。由於她近幾年工作十分勤奮，十分賣力，取得了不錯的成績，於是人事局長官經過幾番討論研究，派她到市的某一區人事局做主任。

在她剛到區人事局當主任的幾個月當中，她正春風得意，對自己的機遇和才能滿意得不得了。她覺得自己高高在上，不可一世，在各種彙報中都大談自己的成績，如何拼搏取得，卻很少言及朋友、下屬甚至上司的功勞。他周圍的人聽了之後非常不高興，對她避之唯恐不及。這使她百思不得其解。過了

一段時間，她發現根本沒一個人再理她，雖然她仍是個主任，但是很少有同事買她的帳，甚至連上面的幾位長官都不願理她。她覺得自己過得很空虛、很孤獨，每天坐在辦公室裏唉聲歎氣。

最後終於有一位朋友一語點破了她的處世原則，她這時才意識到自己的癥結在於不能忍耐，不能把優越感讓給別人。從此她開始很少談自己而多聽朋友說話，因為他們也有很多事情要說，讓他們把他們的成就說出來，遠比聽自己吹噓更令他們興奮。後來每當她有時間與朋友閒聊的時候，她總是先請對方把他們的歡樂炫耀出來，與其分享，而只是在對方問她的時候，才謙虛地說一下自己的成就，慢慢地，她的人緣又好了起來。

當我們的朋友表現得比我們優越時，他們就有了一種重要人物的感覺；但是當我們表現得比他們還優越，他們就會產生一種自卑感，造成羨慕和嫉妒。聰明人早已認識到了這一點，他們從來不自己獨享榮耀，也不與朋友平分榮耀，他們做的只是把優越感讓給別人。

日常工作中不難發現這樣的人，其人雖然思路敏捷、口若懸河，但一說話令人感到他們很狂妄，因此別人很難接受他們的任何觀點和建議。這種人多數都是因為表現自己，總想讓別人知道自己很有能力，處處想顯示自己的優越感，進而能獲得他人的敬佩和認可，結果卻往往適得其反，失掉了在朋友中的威信。

其實不管你是多麼大的人物，都有不足之處。在生活中保持低調，能夠把優越感讓給別人，是一種做人的氣魄，這樣不僅自己更清醒，也會贏得別人甚至命運的尊重。這樣才會永遠讓自己立於不敗之地。

人人都有自尊心，人人都有好勝心。你做每一件事時，重視和尊重對方的自尊心，必須抑制自己的好勝心。如果對方與你有同樣的特長或愛好，對方與你爭強好勝，你最理智的辦法就是先讓一步，即使對方的技藝不如你。當然，一味地退讓，對方或許變本加厲，對你視而不見，想盡各種辦法或是手段來壓榨、欺凌你，你就有必要施展你的才能，讓對方知道你不是一個弱者，你是一個能手。但當對方覺得自己不如你時，表現出自卑或屈服時，你就要化干戈為玉帛，把優越感轉讓給對方，對方一定對你產生敬佩之心，與你和睦相處。如果互不相讓，最終導致的結果會是兩敗俱傷。

人往高處走，而高處不勝寒；水往低處流，而低處納百川。生活中我們既要有往高處走的心態，又要有水往低處流的胸懷。或許把頭低下，把優越感讓給對方，人的品質才會更加高潔，人的才能也會步步得到提高。

要有接納別人的胸襟

聰明人不會因為別人比自己優秀而心生嫉妒，他們會真誠地欣賞強者的優點和成就，並用自己的大度讓對方折服。美國哲學家威廉‧詹姆斯說過：「渴望得到別人的認可和讚賞，是人類埋藏最深的本性。」天底下幾乎沒有不喜歡被欣賞的人，幾乎沒有被欣賞後不盡心竭力的人。

美國總統選舉結果揭曉，民主黨總統候選人克里，當天就打電話給連任的布希總統，誠懇地承認競選失敗，並祝賀布希成功連任。布希也在隨後發表的簡短演講中，稱讚克里是一個「令人欽佩的對手」，並讚譽民主黨總統候選人克里在競選中的出色表現。

局面如此圓滿，讓那些擔心因總統大選出現的選票爭端，而損害美國形象的分析家們，大大鬆了一口氣，支持克里的人說他們沒有看錯人，布希的支持者也認為克里的表現無可挑剔，說他是輸了大選，卻贏得了尊敬，克里雖敗猶榮，以一個智者的形象很體面地告別大選。

尊重對手，欣賞對手，這是競爭中一種至高的心態。把掌聲送給別人，不是刻意抬高別人，貶低自己，更不是吹牛拍馬、阿諛奉承，而是對別人的亮點進行肯定，只有真正有實力的人才能做得到。如果沒有正常的心態，就不可能正確看待別

人的能耐。三國名將周瑜對諸葛亮的加害失敗後，責怪上天「既生瑜，何生亮」，終因氣量狹小而自夭；龐涓貴為魏國大元帥，卻因妒恨孫臏之才，終於落得兵敗身亡的下場。

某人去一家著名的廣告公司求職，順利地通過了第一輪測試，成了十位入圍者之一。第二輪測試內容很簡單：讓每位入圍者按要求設計一件作品，並當眾展示讓另外九人打分數，寫出相關的評語。

這個人在評分時，對其中三個人的作品非常佩服，懷著複雜的心情給他們打了高分，並寫下了讚美的語言。令他意外的是他入選了！更令他意外的是他欣賞的那三位中只有一位入選！這是為什麼？

後來，該廣告公司總裁的一番話使他幡然醒悟。總裁說：「入圍的十個人可以說都是佼佼者，專業水準都較高，這固然是重要的方面。但公司更為關注的是入圍者在相互評價中是否能彼此欣賞。因為庸才自以為是，看不見別人的長處，這倒情有可原，但人才若對對方視而不見，那就顯得心胸太狹隘了。從嚴格意義來說那不叫人才。落聘的幾位雖然專業水準不錯，但遺憾的是他們缺乏彼此欣賞的眼光。而這點較專業水準其實更重要。」

善於為別人鼓掌，其實也是在給自己加油。當我們沒有成功時，我們應該真誠地為走向成功的人鼓掌；當我們走向成功時，更要學會為別人鼓掌。相互鼓掌才能相互提高，當你善於為別人鼓掌時，才會獲得更多人的喝采。

某高科技公司銷售部職員梁文敏百思不得其解，無論從公司規模，還是產品品質來看，自己所在公司都勝過對手公司，而在爭取大客戶的無聲「戰役」中，對手公司卻頻頻獲勝，上個月由於某種原因，大客戶還是跟對手公司簽訂了合作協定，再如此下去，該公司即將佔據行業的「半壁江山」。

後來，他就逐漸地收集對手公司的資料，發現那個叫楊天凱的主管，竟然有著很多優點，楊天凱在業界最好的口碑就是善於學習，為人低調、善意，從來不說對手的壞話，有時甚至還就對方公司某些眾所週知的長處給予一些肯定。在談到一些技術相關問題時，楊天凱都能給予解決方案，而不懂的地方更是大膽承認，並在短期內給客戶一個後續解決方案。在接人待物上，更是有禮有節。

梁文敏非常佩服楊天凱，於是給他打了個電話，表示自己的敬佩之情，兩個人約好時間，坐在一起進行了一次長時間的溝通。之後，兩個人都在事業上獲得了幫助，一對競爭對手，不但沒有因為要平分江山而相互敵視，反而成了一對知己。

其實沒有競爭對手，就沒有進步的空間，如果能夠忍受被人平分秋色的嫉妒心理，那麼就會獲得一個共同進步的知己。面臨時下就業日趨激烈的競爭，能否具有欣賞別人的眼光，和接納別人的胸襟是非常重要的。因為有了這樣的眼光才能取長補短、團結合作，共同進步。

情緒整理術

❶ 聰明人不會因為別人比自己優秀而心生嫉妒，他們會真誠地欣賞強者的優點和成就，並用自己的大度讓對方折服。

❷ 人人都有自尊心，人人都有好勝心。你做每一件事時，重視和尊重對方的自尊心，必須抑制自己的好勝心。

❸ 能夠忍受別人的錯誤，寬恕別人，不但可以使自己的心靈獲得解脫，還可能給自己的未來留了餘地，並獲得那個被寬恕人永久的感激。

❹ 包容別人的錯誤，給別人的錯誤找個理由，那樣不僅讓自己心安，也能得到別人的尊重。

克服浮躁，
讓心靈深處保存一份安靜

拒絕浮躁，擁有平常心

在我們心靈深處，總有一種力量使我們茫然不安，讓我們無法寧靜，這種力量叫浮躁。浮躁就是心浮氣躁，是成功、幸福和快樂最大的敵人。從某種意義上講，浮躁不僅是人生最大的敵人，而且還是各種心理疾病的根源，它的表現形式呈多樣性，已滲透到我們的日常生活和工作中。可以這樣說，我們的一生是與浮躁鬥爭的一生。

「浮躁是現代人的通病。」浮躁就是心浮氣躁。在短暫的生命之旅中，浮躁是人生最大的敵人。心理學家甚至把這種不良情緒納入亞健康之列。人浮躁了，終日會處於忙忙忙、煩煩煩的應付、應急狀態中，臉色會暗淡似灰，眉頭會緊鎖如川，腦子會呆若木雞，看誰都不順眼、捉誰跟誰急，長久下去，就會被生活的急流挾裹，喪失收放自如的彈性，不病才怪！

浮躁是一種病態心理表現，其特點有：

(1) 心神不寧。面對急劇變化的社會不知所為，心中無底，恐慌得很，對前途毫無信心。

(2) 焦躁不安。在情緒上表現出一種急躁心態，急功近利。在與他人的攀比之中，更顯出一種焦慮不安的心情。

(3) 盲目冒險。由於衝動，情緒取代理智，使得行動具有

盲目性。行動之前缺乏思考，只要能賺到錢，違法亂紀的事情都會去做。這種病態心理，也是當前違紀犯罪事件增多的一個主觀原因。

某報有這樣一則報導。

二月二十八日，某市某中學國一學生，因受到老師責罵心懷不滿，將老師砍成重傷；五月五日，某中學十七歲學生，因看了一眼在路邊的青少年，而被四人毆打致死；五月六日，一青年服務生因多看了幾名青少年幾眼，被六名十五～十八歲青少年群毆致死；五月十一日，一名十五歲輟學少年，因向三名國一學生勒索保護費被拘留。五月十三日，一名中學生的弟弟被另一名中學生所打，於是該生便糾集了十名中學生手持砍刀復仇，而對方得知後，也糾集了八名學生買來砍刀應對，一場由十八名中學生對峙的砍刀武鬥即將發生，如果不是員警及時趕到，後果不堪設想。

這幾起案例都沒有必然的利害衝突，只是被罵，被多看了幾眼……

這些受過十多年教育的青少年，其浮躁心理竟然發展到了犯罪的地步，到了喪失道德和人性。

一個人只有靜下心來踏踏實實做事，才不會被浮躁所左右，才不會做出一些過激的行為。其實能夠影響人們的不是事物本身，而是對待事物的態度。

浮躁是人類所面臨的普遍狀態。為什麼我們的心境會反覆振盪於得意、狂喜、傲慢、迷茫、不安、沮喪焦慮、恐懼甚至

絕望之間？我們為什麼會如此浮躁？浮躁是因為我們缺乏幸福感、缺乏快樂，太過於計較得失。其實說白了，浮躁就是失衡的心態在作祟。當壓力太大、急於求成、太閒、太忙、缺乏信仰、過分追求完美等問題出現，並不能得到滿意的解決時便會滋生浮躁。

浮躁是一種衝動性、情緒性、盲動性相交織的病態社會心理，它與艱苦創業、腳踏實地、勵精圖治、公平競爭是相對立的。浮躁使人失去對自我的準確定位，使人隨波逐流、盲目行動，對組織、國家及整個社會的正常運作極為有害，必須予以糾正。

那麼怎樣才能克服浮躁心理呢？

01 在攀比時要知己知彼

「有比較才有鑑別」，比較是人獲得自我認識的重要方式，然而比較要得法，即「知己知彼」，知己又知彼才能知道是否具有可比性。例如相比的兩人能力、知識、技能、投入是否一樣，否則就無法去比，從而得出的結論就會是虛假的。有了這一條，人的心理失衡現象就會大大減低，也就不會產生那些心神不寧、無所適從的感覺。

02 要有務實精神

務實就是「實事求是，不自以為是」的精神，是開拓的基礎。沒有務實精神，開拓只是花拳繡腿，這個道理是人人應弄

懂的。

03 遇事善於思考

考慮問題應從現實出發，不能跟著感覺走，看問題要站得高、看得遠，切實做一個實在的人。

急於成功是現代人普遍存在的心態，但正是這種心態導致了浮躁心態的出現。

一位大學教授就曾深有感觸地說：「現在不少年輕學子已很難平靜地聽完老師和家長的話，難以看完一本名著或欣賞完一首名曲；他們對基礎理論課的學習不感興趣；他們堅持不了聽完最後一堂課。」這些學生忘記了從量變到質變的道理，他們希望立竿就能見到影，他們甚至渴望科學家們能發明知識注射液，在數秒鐘內使自己成為天才，這都源於浮躁的驅動，源於年輕人急於求成、渴望結果的超常迫切心態。要知道浮躁與成功無緣。

北宋大文學家蘇洵，年輕時讀書不努力，糊裏糊塗地混日子，直到二十七歲方有覺悟，於是發奮學習。宋仁宗嘉禧年間，他帶兒子蘇軾、蘇轍，不遠數千里，從家鄉四川來到京師開封。當時翰林學士歐陽修把他的作品二十二篇呈上朝廷，得到極高的評價。宰相韓琦見他文章寫得好，上奏皇帝，召試舍人院，蘇洵推病不願應試。後來又任命他為秘書省校書郎。這時他已年過五十歲了。明朝的李贄，從小家境貧寒，青年時代在顛沛流離中渡過，立志著書時已五十四歲了。他的名著《焚

書》和《藏書》是在六十歲後完成的。近代畫壇巨匠齊白石，三十歲才開始學畫，後來成了蜚聲海內外的大畫家。這些名人有一個共同的特點：大器晚成。

所以千萬不要夢想一夜之間就能功成名就，或者是一口氣就能吃個大胖子。千里之行，始於足下，水滴石穿的古訓，千萬要銘刻在心。

我們做事情很多時候都是半途而廢，在開始的時候是一腔熱血，然後是熱情消退，最後完全放棄。是什麼原因讓我們放棄呢？是浮躁的心理，是急於求成、不願面對困難的浮躁心理。我們總是在想著事情的最後成果，急於看到我們所做工作的成果，而這些卻不是一天兩天能看得出來的，所以我們就覺得這些工作是沒有意義的，於是選擇了放棄。

如果我們能夠堅持，真正地靜下心來，認真地去學習、工作，我們做得會比現在好很多。

只有拭去心靈深處的浮躁，才能找到幸福和快樂。那麼幸福和快樂在哪裡？幸福和快樂其實就在我們每個人的心裏。只要你願意，你隨時都可以支取。在很多時候，我們都急需在心中添把火，以燃起某些希望。在很多時候我們都急需在心中灑點水，以澆滅某些慾望。你會感覺到，其實我們很幸福，其實我們很快樂。

處安勿躁，以靜制動

著名作家劉鏞曾經講過這樣一個故事：

丈夫跟太太親熱，撫摸著太太，很有情趣地讚美：「妳的皮膚摸起來真細，絕不像四十歲的女人。」太太笑道：「是啊！最近摸過的人都這麼說。」丈夫一聽，啪！甩給妻子一記耳光，吼道：「最近讓多少人摸過？老實招來！」太太捂著臉，哭著喊：「大家是這麼說啊！每個護膚中心的小姐都這麼說。」

因為一句話說得不對，喜劇就變成了悲劇，妻子嘴拙是問題的開端，但丈夫的不能忍耐卻把問題推向了高潮。任何事情的發展變化都需要一個過程，有時候這個演變的過程會瞬息萬變，有時候這個過程又變得撲朔迷離，如果你想要認清局勢的發展，就要學會忍耐，用暫時的模糊態度來拖延時間，等待最終的結局。

一代女皇武則天最珍愛女兒太平公主，一次武則天賞賜各種珍貴寶器共兩盒，價值黃金千鎰。太平公主收到母親這批賜物，即帶回家中密藏了起來。但是一年之後寶物不翼而飛。這是聖上御賜的寶物，太平公主不敢隱瞞，立即告訴了武則天。

武則天知道後，認為有損她的臉面，惱羞成怒，立即召來洛州長史，詔令他兩日內破案，如限期之內不能緝盜歸案，則

以瀆職、欺君問罪。洛州長史恐懼萬分，急忙召來州屬兩縣主持治安的緝盜官員，向他們投下制簽，下令兩日之內破案，否則處以死罪。兩縣的緝盜官員們無力破獲這樣的大案，只能依照長史的做法，召來一班吏卒、遊徼，嚴令他們在一日之內破案，否則也是處以死罪。一件疑難大案的偵破任務，便如此一層一層地推了下來。

　　無法再往下推的吏卒和遊徼們，手中拿著上司的死命令，一時慌了手腳，只得來到大街上碰運氣。恰好，他們碰上了湖州別駕的蘇無名，於是便一擁而上將這樁「御案」告訴了他。這個湖州別駕蘇無名以善於偵破疑難案件而聞名朝野。

　　蘇無名耐心地聽完後，吩咐他們如此如此，便和他們一塊來到衙門，胸有成竹地對緝盜官說：「你可以立即去見洛州府長史。見了長史，你只需告訴他，御案由我湖州別駕蘇無名來主持偵破即可。」

　　毫無主意的緝盜官自然依從蘇無名，帶他前往洛州府。長史一聽破案有了指望，立即行禮迎接蘇無名，感激涕零地拉著蘇無名的手說道：「今日得遇明公，是蒼天有眼，賜我一條生路啊！」說完，洛州府長史摒退左右，向蘇無名徵詢破案的妙策。

　　蘇無名神色不動，不急不忙地說：「請府君帶我求見聖上。在聖上御旨之下，我蘇無名自有話說！」洛州府長見蘇無名如此胸有成竹，他又急於破案交差，於是立即上疏朝廷薦舉蘇無名破案。

　　武則天看過洛州府長史的上疏後，立即召見蘇無名。蘇無名鎮定自若地來到朝堂，武則天問：「你果真能為朕捉到盜寶的賊人嗎？」

　　蘇無名果斷地答道：「臣能破案！」沉吟片刻，他接著說：「如果聖上委臣破案，請依臣三事：一是在時間上不能限制；二是請聖上慈悲為懷，寬諒兩縣的官員；三是請聖上將兩縣的吏卒、遊徼交臣差使。如依得臣下所請三事，臣下將在兩個月內擒獲此案盜賊，交付陛下。」

　　武則天是一個非常明智的人，她料定蘇無名沒有十足的把握不敢接這燙手的山芋，於是就應允了他的條件。

　　誰知蘇無名奉旨接辦御案之後，卻並沒有立即進行偵辦，而是逍遙自在的吃喝玩樂。眾人都大惑不解。

　　時間一晃就是一個多月過去了。一年一度的寒食節又來臨了，這天，蘇無名才想起了這件事情，他召集兩縣大小吏卒、遊徼會於一堂，準備破案。

　　他吩咐所有破案人員全部改裝為尋常百姓，分頭前往洛州的東、北二門附近巡遊偵查。無論哪一組，凡是遇見胡人身穿孝服，出門往北邙山哭喪的隊伍，必須立即派人跟蹤盯上，不得打草驚蛇，只須派人回衙報告即可。

　　蘇無名只在家裏坐定，等候消息。不多久，就見一個遊徼喜滋滋地趕了回來。他告訴蘇無名，已經偵得一夥胡人，其情形正如蘇無名所說，此刻已在北邙山，請蘇無名趕去定奪。蘇無名聽後，立即下令衙役備馬，與來人趕往北邙山墳場。到達

之後，蘇無名便問盯梢的吏卒：「胡人進了墳場之後表現如何？」

吏卒稟報說：「一切正如大人所料，這夥胡人身著孝服，來到一座新墳前奠祭，但他們哭聲沒有哀慟之情；燒些紙錢舉奠之後，即環繞著新墳察看，看後似乎在相互對視而笑。」

蘇無名心裏一陣暗喜，擊掌說道：「竊賊已破！」立即下令拘捕那批致奠的胡人，同時打開新墳，揭棺驗看。隨著棺蓋緩緩開啟，棺內盡是璀璨奪目的珠寶。

檢點對勘之後，證實這些正是太平公主一個多月前所失的寶物。

就這樣，蘇無名一舉偵破太平公主的失竊大案，整個行動神不知鬼不覺，震動了神都洛陽。武則天也驚奇不已，下旨再次召見蘇無名，問他是如何斷出此案的。

蘇無名應詔進殿，泰然自若，侃侃道來：「臣下並沒什麼特殊的神謀妙計，臣在來京途中，曾在城郊邂逅了這批出葬的胡人，憑藉臣下多年辦案的經驗，當即斷定他們是竊賊，只是一時還不知他們下葬埋藏的地點。寒食節一到，依民俗，人們是要到墓地祭掃的。我料定這批藉下葬之名而掩埋贓物的胡盜，必定會趁這機會出城取贓，然後相機席捲寶物逃走。因此臣下遣兩縣吏卒、遊徼便裝跟蹤，摸清他們埋下寶物的地點。據偵伺的吏卒報告，他們奠祭時不見悲慟之情，說明地下所葬不是死人；他們巡視新墳相視而笑，說明他們看到新墳未被人發覺，為寶物仍在墳中而高興。因此我決定開棺取證，果然無

誤！」

蘇無名的一番話將破案的關節款款道出，說得字字在理、句句入情，武則天極為嘆服。

蘇無名見狀，繼續說道：「假如此案依陛下三天之限，強令府縣去偵破，結果必因風聲太緊，竊盜們狗急跳牆，輕則取寶逃亡，重則毀寶藏身。那麼在證毀賊逃的情況下，再去緝盜追寶，就勢必事倍功半了。所以陛下急破之策不宜行，急則無功。

現在官府不急於緝盜，欲擒故縱，盜賊認為事態平緩，就會暫時將棺中寶物放在那裏。只要寶物依然還在神都近郊，我破案捕盜就輕如探囊取物！」

蘇無名以靜制動，大案一舉道破。我們做任何事情都是如此，不能急於求成，要勇於忍耐，還要善於忍耐。不急不躁才能把事理層層分析清楚，把事情辦好。

天下成大事業者，無不是專一而行，專一而攻。博大自然不錯，精深才能成事。

要精深，要在某一個領域中成為專門人才，必須克服浮躁的毛病。無論辦什麼事都不可能毫不費力地成功，急於求成，只能是害了自己。忍浮躁確實不容易，要有頑強的毅力，才能做到這一點，但只要有決心有信心，胸中有個遠大的目標，小小的浮躁又有什麼不能忍的！

別讓浮躁害了你

我們常常坐臥不寧，我們常常心不在焉，我們常常沒有耐心做完一件事，我們常常計較自己的得失，我們常常感到身心疲憊……我們到底是怎麼了？原因很簡單——我們太浮躁了。

浮躁，按照字面理解，它是輕浮急躁之意。我們的人生因浮躁而虛浮乃至膚淺、平庸。浮躁是人類所面臨的普遍狀態。

我們為什麼會如此浮躁？浮躁是因為我們缺乏幸福感、缺乏快樂，太過於計較得失。其實說白了，浮躁就是失衡的心態在作祟。當太閒太忙、缺乏信仰、壓力太大、急於成功、過分追求完美等問題出現，並不能得到滿意的解決時，便會滋生浮躁。

一個五十歲事業有成的男士，在受頒社區至高榮譽「年度成功企業家」的前四個星期說道：「我不懂這代表了什麼。對我而言，生活不過是一連串的任務罷了，無非是截止日、支票兌現、責任、依賴你的人等，而又沒有一個可歇息的地方。我感到自己被包裹著透不過氣來。有時候我真想把這一切全部拋開，逃到一個沒有人認得我而又有時間思考的地方。有時候我想冒個險，不去管婚姻、孩子、家庭、工作、朋友，一切的一切，只盼望有個喘氣的機會。可是這很矛盾，如果擺脫這些，我生活中所愛、所珍惜以及費盡心血完成的一切，就全都落空

了！我知道的只是現在生活方式使我越來越浮躁了，而且它正在一點一點地摧殘著我的心靈。」

那位先生可能明白，如果不趁一切還來得及的時候，下決心擺脫那種浮躁的生活，他便可能在不太遙遠的將來，不得不放棄他所在乎的一切。

現代社會越來越浮躁了，人們的心也越來越浮躁了，浮躁使我們享受不到平淡的生活，浮躁彷彿就像水中那無根的浮萍，使我們遠離真實，過著一種虛妄的生活。在現實生活中，浮躁既是一種不理智的情緒，又是一種不健康的心態，還是一種不良的精神面貌。而這種情緒、心態和精神面貌又會產生負面影響。

從前有一個年輕人想學繪畫。於是他找到一位當時繪畫界最有名的老者拜師學藝。老者把一套繪畫的要領全部傳授於他，並叮囑他要刻苦練習。一天，年輕人問老者：「我照這樣學習，需要多久才能夠成功呢？」老者說：「十個月。」年輕人又問：「我晚上不去睡覺來練習，需要多久才能夠成功？」老者答：「十年。」年輕人吃了一驚，繼續問道：「如果我白天黑夜都用來練習，吃飯走路也想著練習，又需要多久才能成功？」老者微微笑道：「那你今生與繪畫無緣了。」年輕人愕然……

年輕人學畫急於求成，反而延緩了成功的速度，這就是急躁的負面影響。無論是治學為人，還是做事、管理，如果沾染了浮躁，不但做出不了成果，解決不了問題，還會陷入盲目

性，導致新問題的發生。

　　中外有許多著名的學者、思想家、文學家，他們幾乎無一例外地都擺脫了浮躁，過著簡單寧靜的生活。梭羅更是這方面的典範，在瓦爾登湖畔，他憑藉著簡單而豐富多彩的生活，為自己贏得了充裕的自由支配的時間。

　　梭羅說：「因為我對某些事情有所偏愛，而又特別重視我的自由，因為我能吃苦，而又能獲得成功，我並不希望花掉我的時間來購買富麗的地毯，或別的講究的傢俱，或美味的食品，或希臘式的、或哥德式的房屋。」由於掙脫了生活中的浮躁，梭羅才能夠靜靜地閱讀與思考，他說：「我的木屋，比起一個大學來，不僅更宜於思想，而且更宜於嚴肅的閱讀。」瓦爾登湖真不愧是治學聖境。正如蒙田所言：「我們要保留一個完全屬於我們自己的自由空間，建立起我們真正的自由和最重要的隱逸與清靜。」正是在瓦爾登湖隱逸的自由空間裏，梭羅為我們留下了如此睿智優美、充滿人生哲理的聖潔文字。

　　所以雖然我們處於浮躁的社會中，但我們要學會不浮躁，讓自己的身心都處於一種寧靜、祥和的狀態，這樣才能從容地面對工作和生活。

認真地對待每一件小事

　　珍惜機會，要求我們每個人都能夠認真對待正在做的每一件小事。雖然它可能微乎其微，雖然它不是重若千鈞，但很有可能就存在一次重大的轉機。

　　一個宏大的工程，一件涉及民生的大事，一場曠日持久的戰爭，都可能由一件小事成功，也可能因一件小事而失敗。

　　對於上海地鐵的一號線和二號線，去過的人可能也不會看到它們的不同。

　　但其實這兩條線有著本質的區別，二號線的營運成本遠遠高於一號線。造成這種差別的原因，就在於一些看似微小的細節。比如地鐵一號線的每一個室外出口都設計有三級臺階，然後再往下進入地鐵站。

　　這本來是件不起眼的小事，但是就是這不同的三級臺階，防止了雨水倒灌，減輕了地鐵的防洪壓力。事實上，一號線內的那些防汛設施幾乎從來沒有動用過，而二號線則發生過雨天被淹的慘劇，造成了不小的損失。

　　對二號線的工程承擔者來說，他們本來擁有一次向世人展示實力的機會，但是卻錯過了，因為他們沒有珍惜，沒有認真對待。不知道他們要經歷多少努力，才能改變這一次失敗給他們造成的損失。前車之鑑，我們一定要認真對待每一件小事。

　　很多人終其一生，都在尋找著大事情，因為那裏有可見的和重大的機會，卻忽略了身邊的小事。讀過下面這則寓言故事，也許你就會對此有更深刻的體會。

　　小夥子一生都想做一件大事，不能做橫掃江湖的大英雄，就做叱吒風雲的大人物，總之，他要尋找這樣的機會，要獨佔鰲頭，要出類拔萃。

　　這一天，他如往常一樣，急匆匆地走在路上，焦急地尋找著。這時候一個人攔住了他，問道：「小夥子，你為何行色匆匆？」

　　小夥子沒有停步，只簡單地回答了一句：「別攔我，我在尋找機會。」

　　轉眼二十年過去了，小夥子已經變成了中年人，他依然在路上疾馳，遺憾的是他並沒有發現什麼好的機會。

　　這一天，又有一個人攔住了他，那個人問道：「喂，夥計，你在忙什麼呀？」

　　「別攔我，我在尋找機會。」小夥子依然沒有理睬問話的人。

　　又是二十年過去了，這個中年人已經變成了面色憔悴、兩眼昏花的老人，還在路上掙扎著向前挪動。他的目標沒有達到，但是他的雄心壯志依然不減當年。

　　這時又有一個人攔住他：「老人家，你還在尋找你的機會嗎？」

　　「是啊。」

　　當老人回答完這句話後，猛地一驚，一行眼淚掉了下來。原來剛才問他問題的那個人就是機遇之神，而從那個人的聲音聽來，就是那個在自己二十多歲問過自己在尋找什麼的人，同時也是在他四十多歲時問他同一個問題的人。

　　他尋找了一輩子，可是機遇之神實際上就在他的身邊。

　　成功的確可以造就不平凡，可是要達到這一目標，唯一的方法就是把握住每一件小事，因為即使這裏沒有一蹴而就的成功機會，卻也有累積能量的機會。不能珍惜小事，就是斷了循序漸進的成功之路。

　　因此可以說成功沒有什麼其他的捷徑，如果說有什麼捷徑的話，那唯一的，就是把每一件小事都做到盡善盡美。當無數個盡善盡美的細節得以完成時，就可以累積出巨大的成就。常言所說的「天下大事必做於細，天下難事必做於易」，就是這樣的道理。

　　那些夢想著能夠一步登天，可以越過小事情去辦大事情的人，很難獲得真正的成功，因為他們不懂得珍惜小事裏的機會，即使他們看到了，也可能因為不屑一顧而喪失機會。從小事做起，才有機會做大事。

　　他是知名大學的優秀畢業生，出類拔萃的他有著一種近乎本能的驕傲。踏入工作崗位，他胸中豪情萬丈，一心只想鵬程萬里。不料上班後才發現，每日無非是些瑣碎事務，既不需要太多智慧，也看不出什麼成果，沒有多久，他就產生了厭煩的情緒。

一次公司開會，部門同仁徹夜準備資料，因為他是新人，分配給他的工作是裝訂和封套。處長再三叮囑：「一定要做好準備工作，別到時弄得措手不及。」可是這麼簡單的工作對於他來說，只不過是大材小用罷了，因此對於處長的叮囑，他只感到更加的不快。

同事們忙忙碌碌，他也懶得幫忙，只在旁邊看報紙。資料終於交到他手裏，他開始了簡單的裝訂工作。沒想到只訂了十幾份，釘書機「喀」地一響，針用完了。他漫不經心地抽開訂書針的紙盒，赫然發現裏面居然是空的。

任務在身，他立刻翻箱倒櫃，不知怎的，平時滿眼皆是的小東西，現在竟連一根都找不到。他看了看錶，已是深夜十一點半，而資料必須在次日八點大會召開之前發到代表手中。

處長咆哮道：「不是叫你做好準備嗎？連這點小事也做不好，大學生有什麼用啊。」他羞愧難當，這一刻，他才發現自己的傲氣有多麼害人。沒有任何選擇，他必須完成任務。幾經週折，他終於趕在開會之前，將資料整齊漂亮地發到代表手中。

事後，他灰頭土臉地等著挨訓，沒想到平時嚴厲得不近人情的處長卻只說了一句：「千里馬失足，往往不是在崇山峻嶺，而是在柔軟的青草地。」

不珍惜小事，很可能錯過之中存在的成功機會，也可能擴大期間存在的失敗因素。這就是小事的力量，小事的作用。許多人漫不經心地建造自己的生活，做事馬虎，得過且過，凡事

不肯精益求精，在關鍵時刻不能盡最大努力，因此他們總是難以成功。

　　珍惜機會，就要從把握每一件小事情做起！千里之行，得一步步地走。

情緒整理術

❶ 千萬不要夢想一夜之間就能功成名就，或者是一口氣就能吃個大胖子。千里之行，始於足下，水滴石穿的古訓千萬要銘刻在心。

❷ 人的浮躁如同心裏的塵埃，一旦風起，塵埃便飄浮起來，使心靈渾濁不清，只能「浮光掠影」，難以安定從容，更難以生出清澈的智慧，難以積澱生命的底蘊。

❸ 想要成為一個成功人士，就需要一步一個腳印，腳踏實地，從最基礎的事情做起，為自己的發展打下堅實的基礎，就像建造房子一樣，只有把基礎打紮實了，你的發展才會迅速。

❹ 只有內心寧靜，才能產生靈感，有了靈感，才能創作詩篇；浮躁者少有作為，而且往往成事不足，敗事有餘。

摒棄虛榮，
不要成為金錢的奴隸

不為虛名所累

　　第一次登上月球的太空人，除了大家所熟悉的阿姆斯壯外，還有一位，就是奧德倫。當時阿姆斯壯所說的「我個人的一小步，是全人類的一大步」，現在已是全世界家喻戶曉的名言了，但是幾乎沒有人知道奧德倫。

　　在慶賀成功登陸月球的記者會中，有一個記者突然向奧德倫問了一個很敏感的問題：「阿姆斯壯先下去，成為登月第一人，你會不會因此有些遺憾？」

　　在全場稍嫌尷尬的氣氛下，奧德倫沒有為自己辯白，而是很有風度地回答：「各位，千萬別忘了，回到地球時，我可是最先走出太空艙的。」他環視四周，又笑著說：「所以我是由別的星球來到地球的第一個人。」

　　大家在笑聲中給了他最熱烈的掌聲。

　　真正的美德像河流一樣越深越無聲。並不是每個人都能像奧德倫一樣，以這種平常的心，來看待這樣一個人人羨慕的光環的。不與人爭名利、成人之美是一種境界。有的人為了一生的輝煌而揹負名利的枷鎖，有的人卻漠視名利如草芥，一生只為大局著想。

　　虛名不是虛榮，虛榮是一種內心的虛幻榮譽感，能讓人脫離現實看世界；而虛名是別人給他的一種名譽。一般來說，名

與實應該是相符的，一個人的名聲和他實際所做出的貢獻是相符的。然而很多人在獲得名譽之後，就不再發展自己的才能，就再也做不出什麼貢獻了，這時名譽就和實際漸漸地不相符合了，也就成了虛名。

虛名和金錢、物質一樣都是身外之物，它是一種意識上的虛華東西，只是人們的一種評判結果，冠以其名。虛名只是一個名稱，像一個無形的空殼套在人們身上，是一種觀念，是思想上的東西。虛名會使人放棄努力，沉睡在他們已經取得的名譽上不思進取，直至最後一事無成。古代有一個《傷仲永》的故事，說的就是被虛名所誤的人生教訓。

仲永小時候過目不忘，能吟詩做賦，被人稱為神童，然而成名之後，他沉醉在虛名之下，不再刻苦努力學習，漸漸地長大後，他就和一般人一樣，才華「泯然已」。他的那些天賦、才能都隨時間消逝了，一生無所作為。這就是虛名可以毀掉人生的例子。

還有一些人取得名譽後，就不顧自己的實際情況，拼死拼活地維護自己的名譽，結果早早地就為名譽累死了，這是得不償失的。

哈里是一名長跑冠軍，他非常看重自己在公眾心目中的形象。他得了胃病後，不告訴別人也不及時去診治，將病情當成秘密一樣加以保守，生怕自己給人留下一個弱者的印象。終於有一天，哈里挺不住了，他被家人送到醫院。三天後他就離開了人世。主治醫生說他不是死於疾病，而是被名氣累死的。

　　為了保持自己在公眾心目中的「光輝形象」，哈里付出了生命的代價，但是這樣死去並不為人稱道，沒有人不惋惜哈里的生命。希望哈里的經歷能給我們一個警示──不要為虛名所累。

　　但是幾乎沒有人不希望自己多一些鮮花和掌聲。在成長的過程中，你肯定也多次和鮮花掌聲打過交道。如果你沉迷其中，並且為了維持這份榮譽而甘願損失其他一切，包括健康，那就是一種愚蠢至極的做法，而你的這份虛榮心，最終也會使你喪失一切。

　　榮譽面前我們應該保持清醒的頭腦，要懂得榮譽的珍貴，更要為自己爭取榮譽，但不能為榮譽所累，不能被榮譽打垮，否則你就會成為榮譽的犧牲品。

　　不為虛名所累，就是一切要以人為本，該怎麼做就怎麼做，該追求自己的人生目標，就不要被眼前的花環、桂冠擋住前進的道路；就應該義無反顧地拋開這一切身外之物，走自己的路、做自己的事，不因小成就妨礙自己的大成功，這樣才能獲得真正的榮譽。

　　在現實生活中，人們對於名利一般只有兩種態度：一種是淡泊，另一種是追逐。前者含有褒義，淡泊名利的人不是世俗的人，品格高潔；後者含有貶義，追逐名利的人的品質不怎麼好。科學家愛因斯坦說：除了科學之外，沒有哪一件事物讓他過分喜歡，而且他也不特別討厭哪一件事物。遇到聲名毀譽，聽則聽矣，不妨「呼我為牛即為牛，呼我為馬即為馬」，不為

其所累，不為其所羈，保持自己心靈的自然和精神的超脫，擁有一份真正屬於自己的生活。

我們活在世上，有太多的虛名不忍心放棄，於是不得不揹負著太多情感、願望還有負重。但是就算你抓到了所有你想要的，你為之付出的代價也是難以估量的。你得到的是虛的、暫時的東西，失去的卻是永遠的、實在的東西。就像有些人為了追求名譽而影響、損害健康，甚至送掉性命一樣。社會上有很多風雲人物，他們常常在名譽面前失去了常人生活的樂趣，生活得很苦很累，總是想著自己的一舉一動、一言一行都要符合自己的身分，無形中給自己戴上了一副枷鎖，失去了生活的自由，也失去了生命的本真。熙熙攘攘為名利，何不開開心心過一生。須知人生的追求是無止境的，放棄對虛名的崇尚，從此盡享自由人生。

控制無止境的慾望

法國傑出的啟蒙運動代表人物盧梭認為，現代人物慾太盛，他說：「十歲時被糖果，二十歲被戀人，三十歲被快樂，四十歲被野心，五十歲被貪婪所俘虜。人到什麼時候才能只追求睿智呢？」可見，內心不能清淨是物慾太盛所導致的。

人生在世，不是說不能有慾望，慾望在一定程度上，是促

進社會發展和自我實現的動力。可是除了生存的慾望以外，要有節制地預防其他慾望的侵害，時常提醒自己，要淡泊明志，只有內心乾淨，才不至於腐化變質。

但是現實生活中，很多人的慾望無邊無際，物慾、情慾、權慾、金錢慾……他們為了滿足這些生不帶來、死不帶去的永遠也無法填滿的慾望，爾虞我詐、貪污受賄、招搖撞騙，或活得相當累，他們成了慾望的奴隸。

一個沿街流浪的乞丐，每天總在想，假如我手頭要有十萬元，我就不再有別的想法了。

一天，這個乞丐無意中看到一隻很可愛的小狗，乞丐發現四周沒人，便把狗抱回了他住的地方來。讓人沒有想到的是，這隻狗的主人是該市有名的大富翁。大富翁丟狗後十分著急，因為這是一隻純正的進口名犬。於是就到處張貼尋狗啟事：如有撿到者請速還，並付酬金十萬元。第二天，乞丐沿街行乞時，看到這則啟事，便迫不及待地抱著小狗，準備去領那十萬元酬金，可當他匆匆忙忙抱著狗又路過貼啟事處時，發現啟事上的酬金已變成了二十萬元。原來大富翁尋狗不著，很著急，又把酬金提高到了二十萬元。

乞丐似乎不敢相信自己的眼睛，向前走的腳步突然間停了下來，想了想又轉身將狗抱回去了。第三天，酬金果然又漲了，第四天又漲了，直到第七天，酬金漲到了讓市民都感到驚訝時，乞丐這才跑回住處去抱狗。沒想到的是那隻可愛的小狗已被活活地餓死了，而乞丐當然還是乞丐。

其實人人都有慾望，都想過美滿幸福的生活，希望豐衣足食，這是人生存的合理慾求。但是如果我們把這種欲望變成不合理的慾求，變成無止境的貪婪，那無形之中就成了慾望的奴隸。在慾望的支配下，我們不得不為了權力、為了地位、為了金錢而削尖了腦袋向裏鑽。我們常常感到自己非常累，但是仍然覺得不滿足，因為在我們看來，很多人比自己的生活更富足，很多人的權力比自己大，所以我們別無出路，只能硬著頭皮往前衝，在無奈中透支著體力、精力與生命。

民間流傳著一首《十不足詩》：

終日奔忙為了饑，才得飽食又思衣。冬穿綾羅夏穿紗，堂前缺少美貌妻。娶下三妻並四妾，又怕無官受人欺。四品三品嫌官小，又想面南做皇帝。一朝登了金鑾殿，卻慕神仙下象棋。洞賓與他把棋下，又問哪有上天梯。若非此人大限到，上到九天還嫌低。

永不知足是一種病態心理，其病因多是權力、地位、金錢……引發的。這種病態如果發展下去，就是貪得無厭、慾壑難平，其結局是自我毀滅。

其實人生在世，好多美好的東西並不是我們無緣獲得，只是我們的期望太高，往往在剛要接近一個目標時，又會突然轉向另一個更高的目標。西方一位哲人曾說過這樣一句話：「人的慾望是座火山，如不控制就會害人傷己。」

我們很多人就是過多地考慮利害得失，結果總是跟在慾望後面跑來跑去，兩手空空地走完了自己的一生。知足者能夠認

識到無止境的慾望帶來的痛苦。由於太貪婪了、慾望太強了，而其能力又有限，這樣必然會導致可怕的後果。

伊索說過：「許多人想得到更多的東西，卻把現在擁有的也失去了。」這可以說是對得不償失最好的詮釋了。人生太多的沮喪，都是因為得不到想要的東西。其實我們辛辛苦苦地奔波勞碌，最終的結局不都是只剩下埋葬我們身體的那點土地嗎？

慾望是無止境的，我們有太多的需求，面對著太多的誘惑。然而在我們滿足慾望的同時，也會相對地迷失自己，並產生一種錯覺，認為財富和地位就代表了一切。可是當一切都失去的時候，我們的精神就會張惶失措，無所依靠。

托爾斯泰曾經說過：「慾望越小，人生就越幸福。」人生最大的苦惱不在於自己擁有得太少，而在於自己嚮往得太多。嚮往本身不是壞事，但嚮往得太多，而自己的能力又達不到，就會構成長久的失望與不滿。

因此不管我們做什麼，都要適可而止，把握有度。力所不及的事，不要過於強求自己，放棄那些無止境的沉重的慾望，這樣才不會徒增煩惱與壓力，才能輕鬆享受生活，穩步取得成功。

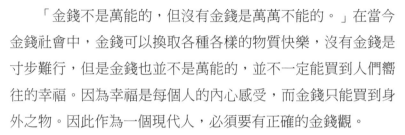

不要做金錢的奴隸

　　「金錢不是萬能的，但沒有金錢是萬萬不能的。」在當今金錢社會中，金錢可以換取各種各樣的物質快樂，沒有金錢是寸步難行，但是金錢也並不是萬能的，並不一定能買到人們嚮往的幸福。因為幸福是每個人的內心感受，而金錢只能買到身外之物。因此作為一個現代人，必須要有正確的金錢觀。

　　「金錢永遠只能是金錢，而不是快樂，更不是幸福。」這是希爾的一句名言。一個人如果只盯著金錢，那麼他很容易就掉進金錢的泥淖中。我們都要小心控制自己對金錢的慾望。現實生活中，沒有錢什麼事情也辦不好，然而有了錢而不去合理地消費，同樣是一文不值。

　　親情是世上無法分割的感情，但是我們也看多了為了金錢而反目的兄弟手足。有人整天為錢，一生一世忙碌，低的為求溫飽，高的為求大富大貴，得不到的時候苦心焦慮、勞形苦神，不惜與人爭奪，所以永遠為得失心所纏繞，片刻不得脫身。

　　一個富翁憂心忡忡地來到教堂祈禱後，去請教牧師。

　　「我雖然有了金錢，但我感覺不到幸福，我甚至不知道我應該用我的金錢做些什麼？它能買來歡樂和幸福嗎？」

　　牧師讓他站在窗前，看外面的街上，問他看到了什麼，富

翁說：「我看到來來往往的人群，感覺很好。」

牧師又把一面很大的鏡子放在他面前，問他看到了什麼，他說：「我看到了自己，我很憂愁。」

牧師語重心長地對他說：「是啊，窗戶和鏡子都是玻璃製作的，不同的是鏡子上鍍了一層水銀，單純的玻璃讓你看到了別人，也看到了美麗的世界，沒有什麼阻攔你的視線，而鍍上水銀的玻璃只能讓你看到自己，是金錢阻攔了你心靈的眼睛，你守著你的財富，像守著一個封閉的世界。」

富翁聽罷，頓時心寬眼明。

從此以後，他總是盡可能地去資助那些困難的人，把自己的仁愛帶給他們，而得到幫助的人，則用無盡的感激和祝福報答他。

太在意金錢，反而成了金錢的奴隸了。古語說得好：君子愛財，取之有道，用之有度。這是一種對待金錢應該有的正確態度。生活在經濟社會中，我們需要金錢，但是我們要做金錢的主人，不能被金錢所役使。金錢固然可以換取諸多物質享受，可不一定能獲取真正的開心。

一個大富翁，他的家裏有良田萬頃，身邊妻妾成群，可是日子過得並不開心。挨著他家高牆的外面，住著一戶窮鐵匠，夫妻倆整天有說有笑，日子過得很開心。一天，富翁小老婆聽見隔壁夫妻倆唱歌，便對富翁說：「我們雖然有萬貫家產，還不如窮鐵匠開心！」富翁想了想笑著說：「我能叫他們明天唱不出聲來！」於是拿了兩根金條，從牆頭上扔了過去。

　　打鐵的夫妻倆第二天早晨打掃院子時，發現了兩根金條，心裏又高興又緊張，為了這兩根金條，他們連鐵匠爐子上的工作也丟下不做了。男的說：「我們用金條置些好田地。」女的說：「不行！金條讓人發現，會懷疑我們是偷來的。」男的說：「妳先把金條藏在坑洞裏。」女的搖頭說：「藏在坑洞裏會叫賊給偷去。」他倆商量來、討論去，誰也想不出好辦法。從此夫妻倆飯也吃不香，覺也睡不安，歌也不唱了，以往的快樂再也沒有了。

　　每個人都有自己的活法，有錢的人有有錢的苦惱，沒錢的有沒錢的心酸。打鐵的夫妻倆，本來過得雖清貧但還算是幸福，擁有了金條沒有使他們得到幸福，因為他們被金錢所累。有錢的人不一定就是幸福的，沒錢的人未必就是不幸福的，幸福不能用金錢來衡量。金錢也是一把雙刃劍，關鍵是我們如何適度地把握。

　　其實金錢只有在使用時才會產生它的價值，如果放著不用，就如廢紙毫無意義。就像文學上塑造的四大吝嗇鬼形象之一的阿巴貢，他愛財如命，吝嗇成癖。他不僅對僕人及家人十分苛刻，甚至自己也常常餓著肚子上床，以至半夜餓得睡不著覺，便去馬棚偷吃蕎麥。他不顧兒女各有自己鍾情的對象，執意要兒子娶有錢的寡婦，要女兒嫁有錢的老爺。當他處心積慮掩埋在花園裏的錢被人偷走後，他呼天搶地，痛不欲生，這樣對待金錢的態度是變態的。人生除了金錢還有其他更有意義的事情，不要一味地追求金錢，有時候金錢也是有毒的，它毒害

的是人的心靈。

聰明的人善於取捨，與我有益者，不懈追求；不利身心者，縱然好得天花亂墜，也不為所動。金錢夠用則已，毅然拒絕額外的誘惑，這才是智慧，否則盲目地追求只能讓自己揹上沉重的包袱，累得喘不過氣來。要讓金錢為人所用，為我所用，而不要成了不肯花錢的守財奴，最終掉進金錢的陷阱裏，把自己送進絕境。因為過度追求金錢，不但不會獲得幸福快樂，而且很可能將自己推向充滿痛苦的慾望深淵。

我們雖然無法改變我們的境況，但我們可以改變自己的心態。我們擁有的金錢不夠多不要緊，但不能沒有快樂，如果連快樂都失去了，那麼人生還有什麼意義呢？快樂是人的天性追求，開心是生命最頑強、最執著的動力。

物質世界和精神世界是相輔相成的，只要過得開心，生活的趣味就會更濃厚、更有意義，恐懼和壓抑感自然會在內心深處消失。開開心心地生活，坦坦蕩蕩地做人，才會讓我們感到生活的快樂和自己的可愛。

人的一生當中，享受生命比追求財富更重要。人要在有限的生命進程中，儘量讓自己活得富裕一些，但是不可不擇手段地獲取財富，承擔風險的享受，遠不如清貧的日子安逸。每個人都可以隨時享受生活，有錢人有有錢的快樂方式，錢少省吃儉用照樣也可以玩得盡興。

所以放棄那些使我們生命過分沉重的金錢慾望，更不要做金錢的奴隸，才能使金錢為我所用，為自己服務，才能實現自

己的夢想。

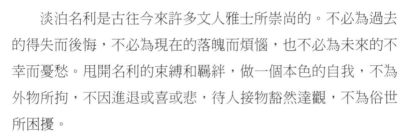

保持淡泊名利的平常心

　　淡泊名利是古往今來許多文人雅士所崇尚的。不必為過去的得失而後悔，不必為現在的落魄而煩惱，也不必為未來的不幸而憂愁。甩開名利的束縛和羈絆，做一個本色的自我，不為外物所拘，不因進退或喜或悲，待人接物豁然達觀，不為俗世所困擾。

　　在名利面前，能而不為，有而不重，是謂淡泊，是一種高雅和超脫。人生的所求所欲，名利也好，地位也好，藝術或逍遙也好，都是人生的一種抉擇，都有它存在的因由，但是需要有一定的衡量標準，來量度究竟什麼最能讓人充實和幸福。人世間萬事百態，法無定法，理無定理，皆是各人所持的一孔之見，孰高孰低，也難一言蔽之。天下熙熙，皆為利來；天下攘攘，皆為利往。人生看不破名利二字，就會受到終身的羈絆。名利就像是一副枷鎖，束縛了人的本真，抑制了人們對理想的追求。

　　有個人整天煩惱纏身，患得患失，什麼事情也不想做，於是就去尋求能夠解脫煩惱的秘訣。

一天，他走到一座山腳下，看見生長著綠草的牧場有個牧羊人騎著馬，嘴裏吹著笛子，發出悠揚的韻調，非常的逍遙自在。於是他問那個牧羊人：「你怎麼過得這麼快樂？能教給我怎麼才能像你一樣快樂，沒有苦惱嗎？」

牧羊人說：「沒什麼，騎騎馬，吹吹笛，什麼煩惱都忘記了。」

他試了試，但卻沒有什麼效果，於是他放棄了這個方法，又去繼續尋求。不久他來到一座廟宇，看見一個老和尚在廟裏修行，面帶微笑，看起來是個智慧的人。

他深深地鞠了一個躬，向老和尚說明來意。

老和尚說：「你想尋求解脫嗎？」

他說：「是。」

老和尚說：「有人把你捆住了嗎？」

他說：「不是。」

老和尚又說：「既然沒人捆你，談什麼解脫呢？」

人往往是自己不能醒悟，凡事執迷不悟，豈不知做人要幾分淡泊，名和利都是羈絆，你若太執著，哪能有解脫呢？

煩惱和羈絆，都是因為自己的不能捨棄或是看得過重引起的。尤其是名利二字，人人都離不開，誰能撇開這兩個字去為人處世呢？人生在世，君子聖賢雅士也好，小人俗人凡人也罷，誰也不會做無所謂的捨棄。俗人愛財，君子就不愛嗎？聖賢若是沒了一日三餐，也要去賺錢的。但君子愛財，取之有道。不要太過執著，要懂得放棄，這樣才能做到俗世的淡泊。

　　人世間最難得的就是擁有一顆淡泊名利的平常心，不為虛榮所誘、不為權勢所惑、不為金錢所動、不為美色所迷、不為一切的浮華沉淪。所以在老和尚看來，一個人能將功名利祿看穿，將勝負輸贏看透，將榮辱得失看破，就能自我解脫，進而達到時時無礙、處處自在的境界。

　　有聰明才智的人，比別人更容易獲取事業上的成功，可是才智出眾的人卻往往思想比較複雜，心中的慾望和野心也比一般人更強烈，因此他們比普通人更不容易擁有一顆「平常心」。他們往往由於複雜的思想、太過強烈的慾望和野心而迷失了自己，忘卻了做事的根本，這時聰明才智就會成為一種障礙、一種負累。所以我們常常說「聰明反被聰明誤」。

　　淡泊名利的人表面給人一種不敢追求、沒有理想的感覺，實際上，他們是在踏實沉穩地走完每一段路，對自己的事業、生活總有一個適合於自己的現實規劃。所以保持一顆淡泊名利的平常心，堅持做事的原則，做一個普普通通、平平淡淡的人，持續專注於事情本身，而不被其他因素所干擾，不被其他目的和慾望所影響，這樣反而能成就一番偉業。

　　宋祁的《木蘭花》中有兩句詞：「浮生長恨歡娛少，肯愛千金輕一笑。」其實人生的壓力和苦惱並不是由於自己擁有的太少，而是自己的奢望太多，太在乎得失，太計較輸贏，心靈的負荷令人沉重不堪，也就不可能一心一意地把事情做好，從而不可能獲得成功。就算最後得到了自己想要的東西，也難以感受到快樂，因為心都累了，又怎能享受快樂呢？

　　保持一顆淡泊名利的平常心，在樸實無華的心境中生活，於寂然中品味人生的艱辛，於寧靜中淨化自己的靈魂，你才不會因懷才不遇而怨天尤人，才不會為暫時的得失而牢騷滿腹，才能做到得意時不輕狂，失意時不沮喪。平常心，它能使我們在沉迷中變得清醒，在貪求中變得淡泊，對什麼事都能拿得起，放得下，甩得開。

　　《名師談禪》一書中說：「一個擁有安詳的人，他沒有不滿，沒有懷疑，沒有嫉妒，沒有牢騷，沒有抱怨，沒有恐懼。所以他是生活在滿足中的人，他的人生是享受的人生。」有了淡泊名利的平常心，你就會發現快樂其實就在生命中不為人注意的某個瞬間、某個角落，快樂就在你身邊。

　　淡泊名利，看到別人享受榮華富貴而不羨慕；看到別人擁有家財萬貫而不嫉妒，珍惜自己所擁有的一切；從精神上擺脫物慾的羈絆，懂得欣賞他人的榮耀、成就和美麗。保持平常心就是對功名利祿、榮華富貴視為過眼雲煙，把匆匆過往的人生看做一次旅行，所有的成功和失敗，所有的輸或贏，都是自己參與在內的一場觀光。

　　慾望產生時，得到再多都不會滿足，只會變得越來越貪婪。淡泊名利，就不會浮躁，不會焦灼，不會被慾望腐蝕，更不會讓靈魂擱淺在無氧的空間裏。人生沒有真正的輸贏，萬事萬物都是互為因果、互相轉變的。今日的富翁，說不定就是明天的乞丐。保持一顆淡泊名利的平常心，就擁有了一份自我超脫、自我肯定的信心和勇氣，不會高估自己，更不會自甘墮

落，不會只追求物質上的奢華，而把自己的靈魂淹沒在如潮的
塵海中。因為更多的時候，生活不是讓我們去追求外在的虛
華，而是尋求內心的平靜與安寧。

情緒整理術

❶ 虛名和金錢、物質一樣都是身外之物，它是一種意識上的虛華東西，只是人們的一種評判結果，冠以其名。

❷ 慾望產生時，得到再多都不會滿足，只會變得越來越貪婪。淡泊名利，就不會浮躁，不會焦灼，不會被慾望腐蝕，更不會讓靈魂擱淺在無氧的空間裏。

❸ 榮譽面前，我們應該保持清醒的頭腦，要懂得榮譽的珍貴，更要為自己爭取榮譽，但不能為榮譽所累，不能被榮譽打垮，否則你就會成為榮譽的犧牲品。

❹ 如果把慾望變成不合理的慾求，變成無止境的貪婪，那我們無形之中就成了慾望的奴隸。

❺ 金錢永遠只能是金錢，而不是快樂，更不是幸福。

CHAPTER

16

擺脫自負，
從孤芳自賞中醒過來

不要以自我為中心

著名的美國社會學家大衛‧波普諾，在分析社會角色時說：「我們一來到這個世界，便墜入了錯綜複雜的社會關係網路中，扮演著不同的角色。在家中，你是子女，又是父母；在企業，你是下屬，又是上級；在社會，你是小輩，又是長輩；在交往中有熟悉的，也有不熟悉的。」我們每一個人都生活在這個巨大的社會關係網中，很多人把自己當做一個關節點，從自己出發，形成一圈圈以個人為中心的人際關係網，而很少有人站在別人的中心點，去看看別人的狀況。

柯達公司之前是世界上最大的影像產品及相關服務的生產和供應商，總部位於美國紐約州羅切斯特市，業務遍佈一百五十多個國家和地區，全球員工約八萬人。柯達公司由發明家喬治‧伊士曼始創於一八八○年，他本人也成為當時世界上著名的商人。但即使取得這麼偉大的成就，他仍然和普通人一樣，渴望得到小小的認同。

有一次，伊士曼在羅傑士德建造啟爾蓬大會堂、伊士曼音樂學校和紀念他母親的一個戲院。紐約奇美傢俱公司的老闆湯姆，希望得到這些建築的座椅生意，湯姆打電話給建築師，想去見伊士曼。

當湯姆來到時，建築師對他說：「我知道你想得到這批訂

單，但我需要告訴你，如果你用了他五分鐘以上的時間，你就完了。他是一個嚴厲的人，他很忙，所以你要趕快講，講完了就出來。」

當湯姆被引進伊士曼先生的辦公室時，他看見伊士曼先生正埋頭在一堆文件中。片刻後，伊士曼抬起頭來，向他們問道：「這位先生，不知我能為你做些什麼？」

建築師介紹了他們以後，湯姆說：「伊士曼先生，在我們等候您的時候，我一直在欣賞您的辦公室，如果我也能在這樣的一間辦公室工作，那我也不怕長時間工作了——我知道您經常長時間在辦公室工作，您知道我自己是從事室內裝飾的，但我有生以來還沒有見過比這間更漂亮的辦公室。」

伊士曼回答說：「你提醒了我差不多要忘了的事，這間辦公室很漂亮，是不是？當初裝修好的時候我非常喜歡。但現在我天天到這裏來，心裏想著太多其他的事，有時甚至一連幾星期，我都顧不上欣賞它了。」

湯姆用手在一塊木板上一擦：「這是英國橡木，是不是？與義大利橡木的品質稍有不同。」

「是的，」伊士曼回答說，「那是進口的英國橡木，這是一位對木材有特別研究的朋友為我選的。」然後伊士曼帶他參觀室內各處。他特別指出房間大小的比例、顏色、手工雕刻和其他特殊的地方，這些都是他幫助設計的。

他們在一扇窗子前停了下來，伊士曼謙虛地提到若干他出於慈善目的而資助的政府機關：羅傑士德大學、醫院、兒童醫

院、養老院。湯姆熱烈稱讚他利用他的財富造福人類的高尚情操。片刻後，伊士曼打開一隻玻璃櫥的鎖，取出他擁有的第一架照相機，是他從一個英國人手中購買的一件專利品。

湯姆又詳細地詢問他早年開始事業的艱難，伊士曼先生動情地講述他幼年時候的貧苦，敘述他的寡母是如何開旅店的，又講了他在一家保險公司做事務員的事，以及如何日夜受貧窮恐怖的圍困等。湯姆先生用別的問題引他談話，並聚精會神地傾聽。他又敘說他試驗透明膠片的故事，講他如何終日在一間辦公室工作，有時整夜試驗，只在藥品發生化學反應的時候小睡，有時穿著工作服入眠。

湯姆是在一點一刻被引入伊士曼辦公室的，並被警告不要花費五分鐘以上的時間，但兩個小時過去了，他們還在談著。最後，伊士曼向湯姆說：「上次在日本，我買了幾把椅子帶回家來，把它們放在院子裏，但日光曬脫了油漆，所以那天我到街上買了些油漆，自己將這些椅子油漆好了。你願意看一看我油漆椅子的成績嗎？好了，到我家來跟我一起吃飯吧，我給你看。」

那些椅子不值幾塊錢，但伊士曼很自豪，因為他親自油漆了它們。所訂的座椅價值九萬美金，你想誰得到了這筆生意——湯姆。從那時起直到伊士曼去世，他與湯姆都是親密的朋友，湯姆為什麼能成功呢？因為他不以自我為中心，他關注別人的興趣所在，而不是一開口就談自己的生意。

低調者即使是很小的事情也會替別人著想，而不是以自我

為中心，這恰恰能反映出他們的高尚情操。幾乎沒有人喜歡處處都非常自我、對別人不管不顧的人。只有多替別人著想了，別人才會考慮我們，人際交往中才會出現一種融洽的氣氛。

佛蘭克林‧D‧羅斯福一直被視為美國歷史上最偉大的總統之一，凡是拜訪過羅斯福總統的人，都會驚歎他知識的淵博。一個叫布萊特福的人說：「無論是牧童、野騎者、紐約政客或外交家……羅斯福總統都知道跟他談什麼。」

他是怎麼做的呢？答案很簡單。無論什麼時候，羅斯福每接待一位來訪者，他會在前一個晚上遲一點睡覺，去瞭解客人特別感興趣的話題。

在羅斯福的住所裏，存有許多朋友的資料，那是他花了很多時間收集的資料。每份資料包含三十多項內容，如地址、電話、生日、名字、家庭、興趣愛好、見面的次數、時間和內容等，和該人何時何地見過面，談了些什麼，有何約定，羅斯福總統都做了記錄。

他說他人生最大的財富，就是這些資料。他和某人見面之前，必然要先把資料逐一記住，會見時便會說：「某先生，你母親明天生日，是八十歲了吧！」羅斯福的細緻經常會令對方驚訝不已，感動萬分，心裏產生一種親切感，而羅斯福經常用這種方法來贏得人心。

羅斯福總統之所以得到很多人的喜愛和支持，主要是因為他是一個不以自我為中心的有心人，是一個不高高在上的人。不以自我為中心體現了一個人對別人的關心，它是一種無私的

力量，它能使一個偉大的人受人民愛戴，也能使一名普通的人獲得成功。英國著名首相狄斯雷利曾說過這樣的話：「和人們談談他們自己，他們會願意聽上好幾個鐘頭。」所以如果你想使人喜歡你，就要注意這樣一個原則：讓他人感到自己重要，而不要以自我為中心。

居高位而不自傲

一個人如果取得了一定的成功，遭到別人的嫉妒是不可避免的，但低調的人絕不自招嫉妒。自招嫉妒，其實也就是在為自己樹敵。由自招嫉妒而樹敵，這「敵」比通常意義上的「敵」還可怕，因為他們常常是隱藏在暗處的，他們是難以對付的。有些人表面上和你一團和氣，其實在暗地裏，卻因為嫉妒你而給你下「陷阱」。即使你知道有對手存在，卻不知道對手在哪裡下陷阱，等你掉入陷阱之後，也許你精心籌畫的事業已經付之東流了。所以一個低調的人雖然知道遭人嫉妒常常是免不了的，但絕不自招嫉妒，他們會收斂起鋒芒，掩飾起才華。

鄭莊公準備伐許。戰前他先在國都辦比賽，挑選先行官。眾將一聽露臉立功的機會來了，都躍躍欲試，準備一顯身手。

　　第一個項目是擊劍格鬥。眾將都使出渾身解數，只見短劍飛舞，盾牌晃動，鬥來衝去。經過輪番比試，選出了六個人來，參加下一輪比賽。

　　第二個項目是比箭，取勝的六名將領各射三箭，以射中靶心者為勝。有的射中靶邊，有的射中靶心。第五位上來射箭的是公孫子都。他武藝高強，年輕氣盛，向來不把別人放在眼裏。只見他搭弓上箭，三箭射擊，連中靶心。他昂著頭，瞟了最後那位射手一眼，退下去了。

　　最後那位射手是個老人，鬍子有點花白，他叫潁考叔，曾勸莊公與母親和解，莊公很看重他。潁考叔上前，不慌不忙，「嗖嗖嗖」三箭射擊，也連中靶心，與公孫子都射了個平手。

　　只剩下兩個人了，莊公派人拉出一輛戰車來，說：「你們二人站在百步開外，同時來搶這部戰車。誰搶到手，誰就是先行官。」公孫子都輕蔑地看了一眼對手便開始行動。哪知跑了一半時，公孫子都卻腳下一滑，跌了個跟頭。等爬起來時，潁考叔已搶車在手。公孫子都哪裡服氣，提了長槍就來奪車。潁考叔一看，拉起來飛步跑去，莊公忙派人阻止，宣佈潁考叔為先行官。公孫子都懷恨在心。

　　潁考叔果然不負莊公之望，在進攻許國都城時，手舉大旗率先從雲梯衝上許都城頭。眼見潁考叔大功告成，公孫子都嫉妒得心裏發疼，竟抽出箭來，搭弓瞄準城頭上的潁考叔射去，一下子把沒有防備的潁考叔射死了，從城頭栽下來。

　　看來潁考叔是不懂「低調」的道理。作為一個有才華的

人，要做到不自招嫉妒，既有效地保護自我，又能充分發揮自己的才華，不僅要說服、戰勝盲目驕傲自大的病態心理，凡事不要太張狂太咄咄逼人，更要養成謙虛讓人的美德。即使像穎考叔這樣的一軍統帥，也因自招嫉妒而喪命，實在是可惜。如果穎考叔能謙讓一點、低調一點，雖然贏了公孫子都而給他留一些面子，那絕不會因此而喪命。

王宏亮是一個普通公務員，王宏亮做事和做人都是踏踏實實的。平時工作，他從不遲到早退，額外的工作安排，他從不計較。王宏亮和人相處既不親密也不疏遠，機關裏的同事們對他很有好感。業餘時間王宏亮悄悄地鑽研他鍾愛的盆景藝術，並化名投稿，成績還不錯，可是他從不在單位上透露，他覺得沒必要自招嫉妒。

有一天，王宏亮被長官叫去單獨談話了，長官要他去當辦公室主任，沒想到王宏亮卻不勝惶恐地搖頭說：「謝謝長官的關心，但做了官，必然會得罪人，我很怕面對上級的壓力和同事及親友們的責難，到時候我會睡不著覺的，真要為我好的話，就免了這份打算，讓我多活幾年吧。」但長官已鐵定了心，王宏亮只得硬著頭皮上。

上級交代的事，王宏亮總是及時下達，同事們不理解，他盡量講解；同事們有抵觸情緒，他索性跟著去一起做；同事們有什麼要求，他盡量反映；有什麼不滿，他也盡量安慰和解釋，有時甚至乾脆犧牲自己來將就別人。但對於超出政策的事，不論是來自上級還是下級，他都拒絕。

　　一年下來，王宏亮雖然成績不突出，但卻對得起上上下下。長官和同事們也認為他雖然不能使大家很滿意，但也過得去了。到了換屆，新上司覺得王宏亮太沒開拓性，也沒立場，把他換下了來，安排了自己帶來的人。有人替王宏亮鳴不平，王宏亮卻歡呼自己解放了，還去買了酒來慶賀，氣得老婆說他活該賤命，後悔自己當初怎麼那麼近視。

　　接下來，王宏亮甚至連工作也不要了，老婆差點吐血。等王宏亮拿出了新房的鑰匙和新存摺後，老婆才轉怒為驚了，審問道：「說，這房子和錢是哪來的！是不是貪污的？」王宏亮老實交代說：「這都是我業餘幫人弄盆景得來的，如今你老公的盆景藝術已達到大師級水準了，有證書為據呢。」老婆看了證書，這是真的啊。之後王宏亮的老婆也辭職了，兩夫妻經營著一個盆景園，貨好價宜，生意不錯。後來王亮索性賣掉盆景園，做起了幾個園藝場的顧問。這既能賺錢，又能修身養性，真是一個不錯的工作。

　　像王宏亮這樣才智出眾又不外露的低調者，在現實生活中已經不多了。老子曾經說過：「良賈深藏若虛，君子盛德容貌若愚。」即善於做生意的人，總是隱藏他的寶貨，不輕易叫人看見；君子之人，品德高尚，容貌卻顯得愚笨拙劣。低調者知道取得成功是好事，但不能作為炫耀的資本，以免刺激他人，徒然增加他人的嫉妒情緒。低調者做人姿態放得很低，對人謙和禮貌，居高位而不自傲，並在合適的時候顯露出無傷大雅的短處，增加一點親和力，但從不顯得與眾不同，高高在上。

放下架子，從基礎做起

當代社會競爭異常激烈，如果擁有良好的自身條件，而且運氣夠好，就可以找到一個自己滿意的位子。但是如果你的運氣沒那麼好，沒有找到合適的位置，不妨就放下自己的架子。相信是金子總會發光的，從最基層的工作做起，又何妨？

維斯卡亞公司是美國二十世紀八○年代最為著名的機械製造公司，其產品銷往全世界，並代表著當時重型機械製造業的最高水準，它是行業絕對的龍頭。許多人畢業後到該公司求職都會遭到拒絕，原因很簡單，該公司的高技術人員爆滿，競爭激烈到讓人難以想像。但是令人垂涎的待遇和足以自豪、炫耀的地位，仍然向那些有志的求職者閃爍著誘人的光環。

詹姆斯和許多人的命運一樣，在該公司每年一次的招聘會上被拒絕申請，其實這時的招聘會已經是徒有虛名了，它們根本沒有招人。但是詹姆斯並沒有死心，他發誓一定要進入維斯卡亞重型機械製造公司。

於是他採取了一個特殊的策略，假裝自己一無所長。他找到公司人事部，提出求職要求。請求公司分派給他任何工作都可，他會不計任何報酬來完成。人事部的管理人員起初覺得這簡直不可思議，鑑於這位求職者堅定的想法，考慮到不用任何花費，於是便分派他去打掃工廠裏的廢鐵屑。

整整一年來，詹姆斯勤勞地重覆著這種簡單但是勞累的工作，為了糊口，下班後他還要去酒吧打工。這樣雖然得到老闆及同事們的好感，但仍然沒有一個人提到錄用他的問題。

年初，公司的許多訂單紛紛被退回，理由均是產品品質有問題，為此公司將蒙受巨大的損失。

公司董事會為了挽救頹勢，緊急召開會議商議解決。當會議進行到一大半卻尚未見眉目時，詹姆斯闖入會議室，它手裏拿著一份研究報告，提出要直接見總經理。

在會上，詹姆斯把對這一問題出現的原因，做了令人信服的解釋，並且就工程技術上的問題，提出了自己的看法，隨後拿出了自己對產品的改造設計圖。這個設計恰到好處地保留了原來機械的優點，同時也克服了已出現的弊病。

這一莽撞的舉動，得到了總經理及董事會的董事們的注意，他們沒有想到這個編制外的清潔工如此精明在行，便詢問他的背景以及現狀。詹姆斯面對公司的最高決策者們，將自己的意圖和盤托出，經董事會舉手表決，詹姆斯當即被聘為產品技術部的經理。

原來詹姆斯在做清掃工時，利用清掃工到處走動的特點，細心查看了整個公司各部門的生產情況，並一一做了詳細記錄，發現了所存在的技術性問題，並想出解決的辦法。為此，雖然上班時間他只能打掃鐵屑，但是他幾乎把所有空閒的時間，都花在了自己的設計上，並且做了大量的統計資料，這些都為他最後一展雄姿奠定了基礎。

　　詹姆斯不愧是一個聰明人，他在成功進取的道路上能夠屈身而退。他自己也不一定知道是否有機會在一年之後成功，但是他相信，只要自己從基層做起一定會有所成就。他不爭一時的先後，才華不外露，鋒芒內斂；他目光遠大，為自己的發展準備了充分的條件，因此最終獲得了成功。

　　當我們還沒有得到別人肯定的時候，不需要焦急浮躁。抱怨和苦悶並不會改變自己的現狀。我們可以退格以求，如果找不到最想要的，可以退而求其次。請相信，時間可以換取更大的空間。從基層做起，做好每一件事，我們一定會成功。

情緒整理術

❶ 人不可以過度膨脹，即使自己擁有了可以傲世的成績，同樣需要後退一步，因為過度膨脹會讓自己陷入危險之中，只有後退一步才能保全自己。

❷ 人不完美不可怕，可怕的是刻意掩飾自己的不完美。在對方面前大膽袒露自己的缺陷，是出自於內心的真誠和對別人的信任，當然會換來對方的信賴與愛慕。

❸ 有些人做了一點成績就洋洋得意，自以為高不可攀了，這樣的人即使在高處，也註定會栽跟頭的。身處高處時，更需要適時的低頭。

❹ 常懷一顆平凡人的心，是一種心性，是從卑微處見精神，可謂是「先天下之憂而憂，後天下之樂而樂」。

及時糾錯，
自責不如自我反省

正確地認識自己

二千五百年前，老子在《道德經》裏說：「知人者智，自知者明。」老子是最早認識自己的聖人，他告訴世人，「人貴有自知之明」。

人要想在生活中進退自如，首先要對自己的能力，有一種正確的認識。正確地認識自己也是一種能力，是一種不可或缺的能力。只有正確地認識自己，才能找到自己的不足，及時彌補；只有正確地認識自己，才能找準自己的位置，向成功邁進。

一位登山隊員，一次在攀登珠穆朗瑪峰時，到了七千八百公尺的高度，他體力支持不住就停了下來。當他講起這段經歷時，聽者很替他惋惜：「為什麼不再堅持一下呢？再往上攀一點高度，再咬緊一下牙關，爬到頂峰呢？」

登山隊員說：「不，我最清楚，七千八百公尺的海拔，是我登山生涯的最高點，我一點也不為此感到遺憾。」這位登山隊員是明智的，他充分瞭解自己的能力，沒有勉強自己，保存了體力，沒有受傷而能夠平安歸來，這是生活中一種美好的境界。

通常人們只瞭解自己的慾望，不瞭解自己的本性；只瞭解自己的所缺，不瞭解自己的所有；只瞭解自己的容貌，不瞭解

自己的形象。為此，我們需要仔細打量自己。

很多人偶爾也照照鏡子，但轉身就忘了自己的模樣。這樣，很多英雄和有名望的人，就在不自覺地犯了錯誤。認識自己真難啊，有時要付出一定的代價。

馬克‧吐溫作為職業作家和演說家，可謂名揚四海，取得了極大的成功。你也許不知道，馬克‧吐溫在試圖成為一名商人時卻栽了跟頭，吃盡苦頭。

馬克‧吐溫投資開發打字機，因受人欺騙，賠了十九萬美元。馬克‧吐溫看見出版商因為發行他的作品賺了大錢，心裏很不服氣，也想發這筆財，於是他開辦了一家出版公司。經商與寫作畢竟風馬牛不相及，馬克‧吐溫很快陷入困境，賠了近十萬美元。這次短暫的商業經歷，以出版公司破產倒閉告終，作家本人也陷入債務危機。

經過兩次打擊，馬克‧吐溫終於認識到自己毫無商業才能，遂絕了經商的念頭，開始在全國巡迴演說。這一回，風趣幽默、才思敏捷的馬克‧吐溫，完全沒有了商場中的狼狽，重新找回了感覺。馬克‧吐溫很快擺脫了失敗的痛苦，在文學創作上取得了輝煌的成績。到一八九八年，馬克‧吐溫還清了所有債務。

一個人唯有真正的瞭解自己，才能找到真正屬於自己的位置，進而成就自己的事業。正確地認識自己，對於心靈的健康是十分有益的。因為只有認識自己，才能夠給自己一個正確的定位，給自己設置正確可行的目標，讓自己能夠正確地對待挫

折和困難。從人格上來說，只有認識自己的人，才知道什麼是應該做的，什麼是不應該做的，也就是說具有「自我意識」。

一九五二年十一月九日，愛因斯坦的老朋友，以色列首任總統魏茲曼逝世。以色列駐美國大使，多次向愛因斯坦轉達了以色列總理本‧古里安的信，正式提請愛因斯坦為以色列共和國總統候選人。不久，愛因斯坦在報上發表聲明，正式謝絕出任以色列總統。在愛因斯坦看來，「當總統可不是一件容易的事。我整個一生都在同客觀物質打交道，因而既缺乏天生的才智，也缺乏經驗來處理行政事務，以及公正地對待別人。」的確，愛因斯坦研究科學，比治理國家會更得心應手一些。每個人都有自己擅長和不擅長的東西，如果能夠揚長避短，那麼每個人都會是天才。

蘇格拉底的弟子曾經問德爾斐神廟的女預言家皮提亞，是否有人比蘇格拉底更富有智慧，皮提亞的回答是否定的。然而蘇格拉底本人卻認為自己很「無知」。

有一次，蘇格拉底去考察那些自信在某一方面很有智慧的人，不久他就發現，他本人至少有一點是超過他們的，即他不為自己的愚昧所蒙蔽。他明白神的意思是能認識自己的人才是最有智慧的人，所以蘇格拉底曾在大白天打著燈籠，在熙熙攘攘的大街上行走，不斷地提醒人們「認識你自己」。

認識自己是認識世界的奠基石，不被自己打倒，也就不會被他人打倒。認識自己的人，才擁有理智和通達的人生觀。我們之所以總是感到困乏、感到無助，我們常常感到自己不夠堅

強，總是難以面對人生的苦難。那是因為我們實在太脆弱了，我們還沒有真正認識自己。

真正堅強的人，堅強得能認識自己的優點，也認識自己的缺點，勇敢得可以戰勝自己的恐懼。失敗時，能在挫折中奮起；勝利時，能不得意洋洋；面對考驗時，能在風暴中崛起……

認識自己，才能征服自己，才不會盛氣凌人，才會憐憫他人，才會保持率直和真誠，才會在擁有智慧時虛懷若谷。認識自己很難，需要時時反省自己，時時檢查自己，時刻考慮他人的立場。

人生在世，重要的是認識自己，只有正確地認識自己，才能正確地認識別人，才能正確地評價自己和評價別人。每個人都要正確地認識自己，只有對自己有一個正確的定位，才不會走錯路。

反思中扳正自己的人生軌跡

我們要始終處在不斷反思的過程中，通過反思，才能不斷地修正自己的人生軌跡。

金無足赤，人無完人。凡有血有肉的人，無一不曾與錯誤

打過交道。犯錯誤只是一種必然，如何面對錯誤才是關鍵。有人漠視過錯，任其氾濫，最終釀成大錯；有人正視錯誤，敢於自省，扳正了自己的人生軌跡。

改過不是一個單純的由非而是的過程，它是一次涅槃，帶來了靈魂的淨化、精神的洗禮、人格的飛升。回頭浪子，其舊貌和新顏之間，有著質的差別。

著名化學家維克多‧格林尼亞，於一八七一年五月六日出生在法國瑟兒堡一個有名望的家庭。他的父親經營一家船舶製造廠，有著萬貫家財。

在格林尼亞青少年時代，由於家境的優裕，加上父母的溺愛和嬌生慣養，使得他在瑟兒堡整天遊蕩，盛氣凌人。他沒有理想和大志，根本不把學業放在心上，倒是整天夢想當上一位王公大人。由於他長相英俊，生活奢侈，瑟兒堡不少年輕美貌的姑娘，都願意和他談情說愛。

然而一次午宴上，他受到了沉重的一擊。一位剛從巴黎來到瑟兒堡的美麗女伯爵，竟然不客氣地對他說：「請站遠一點兒，我最討厭被你這樣的花花公子擋住視線！」這句話如同針扎一般刺疼了他的心。他猛然醒悟，開始悔恨自己過去荒唐的行為，產生了羞愧和苦澀之感。他立志發奮學習，要追回過去虛渡的光陰。

於是格林尼亞離開了曾使他墮落的家庭，留下了一封信，寫道：「請不要探詢我的下落，容我刻苦努力地學習，我相信自己將來會創造出一些成就來的。」格林尼亞來到里昂，拜路

易‧波韋爾為師。經過兩年刻苦學習，終於補上了過去所耽誤的全部課程，進入了里昂大學。

在大學學習期間，格林尼亞的苦學態度，贏得了有機化學權威菲力浦‧巴爾的器重。在巴爾的指導下，他把老師所有著名的化學實驗重新做了一遍，並準確地糾正了巴爾的一些錯誤和疏忽之處。終於在這些大量平凡的實驗中，格氏試劑誕生了。

格林尼亞一旦打開了科學的大門，他的科研成果就像泉水般地湧了出來，僅從一九〇一至一九〇五年，他就發表了兩百篇左右的論文。鑑於他的重大貢獻，瑞典皇家科學院授予他一九一二年度諾貝爾化學獎。

人非聖賢，孰能無過？事實上非但是常人，即使聖賢也不能無過。只是聖賢比常人更善於改過遷善，所以他顯得比別人偉大而英明。

列寧說：「認識到自己的缺點，就等於改正了一大半。」莎士比亞說：「知錯就改，永遠是不嫌遲的。能夠懺悔的人，無論天上人間都可以不咎既往。」只有善於解剖自己的人，才能找準自己的人生座標，明明白白地存活於天地之間。一個人知道了自己的短處，能夠改過自新，就是好的。

俄國傑出的作家托爾斯泰，出身於俄羅斯貴族家庭，青年時期他一度很放蕩，不好好讀書，考試經常不及格，老師把他降了級。不久他醒悟了，對自己表示十二萬分的不滿。他意識到自己的放蕩行為等於慢性自殺，他總結了自己的八點錯誤，

並把它們寫在日記本上。

為了更好地杜絕產生錯誤的根源，他毅然報名從軍，用軍隊嚴格的紀律約束自己，使自己能自立自強，並且走上了文學創作的道路。有一次他被炮彈炸傷，但也未間斷傳記體小說《幼年，少年，青年》的寫作。經過努力，他寫出了《復活》、《安娜‧卡列尼娜》等長篇巨著，成為俄羅斯偉大的現實主義作家。

在歷史上，有不少有作為的人，從歧途轉入正道，頗給人啟示。東漢時的王渙，年輕時喜歡與一批輕薄青年玩耍，但後來轉變了，史書上稱他「晚而改節」，做官名聲卓著；東晉時的著名愛國志士祖逖，年輕時「性豁蕩，不修行檢」，到十四、五歲還「不知書」，以後發憤學習，博覽群書，被人稱為「贊世才具」；初唐的陳子昂「十八未知書，以富家子，尚氣俠，弋博啟如」，以後感悔，成為開盛唐詩風的詩壇巨擘；晉朝的周處年輕的時候惹是生非，經常與人打架鬥毆，危害鄉里，當地人們把他同蛟龍猛虎一樣視為「三個禍害」，後來周處洗心革面、改過自新，終於成了名揚四方的忠臣孝子。

一個人有了缺點錯誤並不可怕，只要敢於正視、敢於改正自己的缺點錯誤，重新確立好的志向，一樣可以成為一個有用之才。

懺悔是修正我們人生軌跡的絕好工具。我們要始終處在不斷反思的過程中，通過反思才能不斷地修正自己的人生軌跡。我們要思考人生軌跡究竟還有哪些地方需要修正，看看自己的

人格到底還有哪些方面需要完善。

 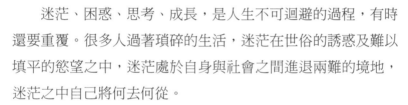

生的價值在於思考和覺醒

　　迷茫、困惑、思考、成長，是人生不可迴避的過程，有時還要重覆。很多人過著瑣碎的生活，迷茫在世俗的誘惑及難以填平的慾望之中，迷茫處於自身與社會之間進退兩難的境地，迷茫之中自己將何去何從。

　　迷茫之於成長，是必不可少的。很多人不知道人生究竟有什麼意義，究竟在追求什麼東西？大家都在混沌地活著、迷茫著。這就是成長的痛苦，人必須在痛苦中羽化成蝶。

　　一天傍晚，他心煩意亂地走到了懸崖邊。他覺得無聊而平淡，年輕的心已不願負擔人世的孤獨和艱辛。他感到周身的血液如禁錮在罈子裏的葡萄酒，有一種要把這罈子打破的衝動。於是他把腳輕輕凌空一提。

　　忽然，一種獨特的聲音傳來，他不禁側耳靜聽。噢，是嬰兒的哭聲。在這荒山野嶺，生命依然高高在上。頓時，一種前所未有的激動襲來。他一把推開誘他自殺的死神，循著啼聲和燈光奔去，那是他命運裏最耀眼的一次閃電。

　　數年後，他的偉大作品如春雨般灑落在俄國以及世界。

他，就是屠格涅夫。

戰勝生命絕望的力量，恰恰在於生命本身。人不是很容易死亡的，但有時人們總是自己把自己弄死。屠格涅夫沒有自殺，是因為一剎那間他找到了迷失的自己。人都有覺醒的自我意識，覺醒讓我們獲得了生命裏最高的智慧。

人生是一個自我覺醒的過程，也是找尋自我、反省自我的過程，人生的全部意義都在於此。生命不覺醒，成長的過程就是迷失的過程。

覺醒是通往自我成長的重要的途徑，人在回首往事的時候，對於犯下的過錯，不管過去多少年，永遠應該清算。那些走錯的路，不能裝作沒看見，否則你會繼續走錯。一個人總是在錯誤的地方徘徊，直到生命的終結也沒有覺醒，他就是世界上最可悲的人。

十七世紀的英國，一個年輕人醉心於權力，千方百計地往官位上爬。雖一度遭國王冷落，但他還是喜歡權力。為了升官，年輕人把所著的書贈給當時的新國王詹姆斯六世。在書信和題詞中，他極盡對國王阿諛奉承，甚至用上了諾言和諂媚，以求得一官半職。經過一番努力，他終於得到了英國檢察長這一顯赫的職位，幾年後他又升為英國大法官，並被授予爵位。

但很快，年輕人就成了國王和國會之間政治鬥爭的犧牲品，並永遠喪失了做官的資格。即使到了這種田地，他仍然無比深情地迷戀著官場，不惜四處奔走以求重新進入政界，直到這一切努力都失敗後，他才深深懊悔，懊悔自己為權力浪費了

那麼多大好的青春。痛定思痛，年輕人終於一心轉向原本就喜歡的哲學，真正開始了他一生中最有價值的生命歷程。

這個年輕人，就是後來大名鼎鼎的思想家培根。培根終於「醒」了，他為世人留下許多至理名言。

人生就是一個探索過程，其間，每一個敏感的靈魂總是含著淚、帶著笑，感悟著、思考著、追求著，在痛苦與失敗中大笑，在成功和喜悅中沉靜，同時真正獲得了親身的經歷，切身的感受。

亞里斯多德說：「人生的價值在於思考和覺醒，而不只在於生存。」我們應該學會思考，思考可以讓我們在取捨中採取正確的方式，思考可以讓我們在頓悟中昇華生命的價值。

人生的覺醒從反省開始。人在不斷思考中一步步走向成熟，同時人的成熟又讓人更理性地進行思考。讓我們學會思考，多一份思考，就多一份收穫。

讓反省成為習慣

反省是人類必須養成的一個好習慣。當反省成為一種習慣，總結、思過就會是必然的，進步也是必然的。

印度有一句諺語：「播種一種習慣，收穫一種性格；播種

一種性格，收穫一種命運。」一位名人也曾經說過：「成功和失敗都源自你所養成的習慣。」人類的行為充分受習慣的影響，好的習慣使人成功，壞的習慣使我們失敗，這是真理。

現代人自信的、自卑的人不少，就是缺少自省的。其實在生活和生命進程中，我們的確需要回顧自己做的事是否正確，是否需要改正。如若堅持自我反省，就可糾正自己的行為，就可把握行動的方向，就可保證不斷地進步。

《周易》乾卦裏有一句名言：「君子終日乾乾，夕惕若厲，無咎。」意思是君子終日奮發進取，可是到了晚上，卻要認真反思這一天的所作所為。這樣即使有危險也不會有災禍。這句話的深刻之處在於揭示了自身始終保持著「朝乾夕惕」心態的重要性，這是一種指導人生方向的大智慧。

人的一生應當剛健勤勉、奮發向上於外，而又敬畏憂患於內。剛健勤勉使人進取、追求，進取、追求會得到成功，心存戒懼就不會在誘惑中迷失人性，這樣才能有機會剛健勤勉地去奮鬥。

孔子的弟子顏回，曾得到孔子這樣的讚譽：「顏回無二過。」顏回是怎樣做到的呢？魯國公也想知道答案。

魯國公問顏回：「我聽到你的老師孔子說，同類的錯誤你絕不犯第二回。這是真的嗎？」

顏回說：「這是我一生都在努力做到的。」

魯國公又問：「這是很難的事情啊。你是怎樣做到的呢？」

顏回說：「要想做到這一點並不難。我經常反省自己，看看自己哪些是對的，哪些是錯的；做對的要堅持下去，做錯的要引以為戒。這樣堅持久了，就能夠做到無二過。」

魯國公讚歎地說：「經常反思，從無二過，這可以說是聖人了。」

由此可見，顏回對於錯誤的態度，必有高過常人之處，才受到孔子如此器重。從來不犯錯誤的人是沒有的，從來不犯過去曾犯過的錯誤的人，也是不多見的。我們暫且不論人是不是犯過曾犯過的錯誤，顏回這種經常反思的精神，是十分可貴的。

一個人應時時反省，檢討自己，惕勵自己，做到這些就會「雖有危而無咎矣」。其實在每一個人的內心深處，多少都隱藏了一些不易察覺的弱點，這種內在的弱點，常常會驅使一個人做出危及自己的行為。

譬如生活漫無目標，整日無所事事，只會嫉妒別人的成就，自怨自艾為什麼好運永遠不會落在自己的頭上；嗜酒如命、沉淪於藥物、貪財成性、飲食不知節制、消費成癖、縱情聲色等，這些都是自身的弱點。如果我們對自己的缺點渾然不覺或者不知反省，結果就會把自己一步一步推向災禍的境地。

班傑明・佛蘭克林是美國啟蒙運動的開創者、科學家、實業家，和獨立革命的領導人之一，他與美國第三屆總統傑弗遜，一起起草了具有偉大歷史意義的《獨立宣言》。二百多年來，佛蘭克林一直被譽為「美國精神的開創者」和「人道與理

性的化身」，他與華盛頓、傑弗遜，一起被稱為美國的「開國三傑」。

偉人自有其偉大之處，佛蘭克林有一個優秀的習慣就是善於自省，他每晚都自我反省。佛蘭克林說自己犯過十三項嚴重的錯誤，其中三項是：浪費時間、關心瑣事及與人爭論。睿智的佛蘭克林知道，不改正這些缺點，是成不了大業的。所以他一週訂一個要改進的缺點做目標，並每天記錄贏的是哪一邊。下一週，他再努力改進另一個壞習慣，他一直與自己的缺點奮戰，整整持續了兩年。所以佛蘭克林會成為受人愛戴、極具影響力的人物。

一個人經常進行心靈盤點，時刻進行自我檢查與審視，及時知道自己近期的得失，思考今後改進的策略，才能取得更出色的業績，事業才能得到更長遠的發展。日本「保險行銷之神」原一平每天晚上八點進行反省，並將之列入每天的計畫，把反省當成每天的工作，最終摘取了日本保險史上「銷售之王」的桂冠。

一個人如果失去反省的能力，他就看不見自己的問題，更不能自救。假如一個人自己不常常反省或管理自己，便很容易把責任推給別人，犯自以為是的錯誤。

反省讓我們更清醒地認識自己。在安靜的心靈狀態下，我們可以看清事情，包括我們自己對問題應負的責任、做事情的新方法，以及擋住我們前進的障礙。反省讓我們察覺到自己所設下的限制，以及我們思考中的某些盲點。

　　身處嘈雜浮躁的世界裏，往往會被許多表面現象所迷惑。你必須時刻保持清醒的頭腦，靜下心來不斷反省和總結，從而不斷地進步。不僅要在逆境中反省，還要在順境時反省，只有這樣，才能防患於未然，將危機消除於無形。

　　反省是改正錯誤的原動力，不反省就不會知道自己的缺點和錯誤，就無從改進。因此要把反省自己當成一種習慣，用以鞭策自己積極向上。

情緒整理術

❶ 只有正確地認識自己，才能找到自己的不足，及時彌補；只有正確地認識自己，才能找準自己的位置，向成功邁進。

❷ 身處嘈雜浮躁的世界裏，往往會被許多表面現象所迷惑。你必須時刻保持清醒的頭腦，靜下心來不斷反省和總結，從而才會不斷地進步。

❸ 人如果不能時時自我省察，認清自己的長短缺失，很容易得意忘形而失敗。

❹ 人生是漫漫的旅程，需要不斷地修正自己的方向，才能得以到達最終的終點。

跳出自卑，
用信心放飛自我

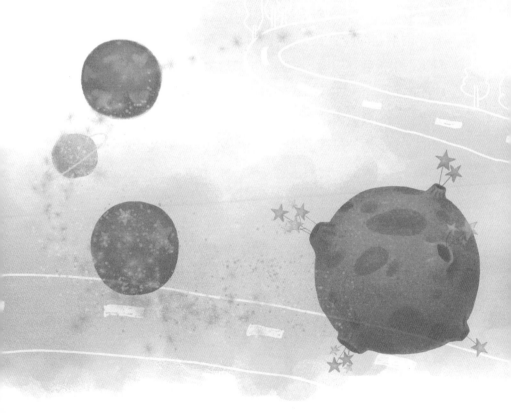

走出自卑的陷阱

　　自卑是一種正常的心理狀態，是可以理解的，然而它卻是不健康的，它是人的自尊和自愛、自勵、自信的對立面。自卑不利於人的振作，是人衝出逆境的絆腳石，甚至可以說自卑的情緒就像一劑慢性毒藥，侵蝕你的勇氣和力量。自卑發展下去，將使人失去一切。歷史的列車從不因弱者的呼叫而停留，如果你還想有所作為的話，那你就必須扔掉自卑的抹淚布。

　　一八五一年，拿破崙三世路易‧波拿巴，發動反革命政變。雨果立即發表宣言進行反抗，不幸遭到失敗。同年十二月，雨果被驅逐出境，同時又被病魔纏身，他流落到英吉利海峽的澤西島上。在那以後的很長一段時間裏，雨果每天都久久地坐在能夠俯瞰海港的一張長椅上，凝視落日，陷入冥思苦想之中。然後他總是緩慢但卻堅定地站起來，在地上撿起石頭，一塊塊擲向大海。擲完了，就帶著滿足的心情和變得開朗的神情離去。

　　他天天如此，終於引起了人們的注意。一天，一個大膽的孩子走上前來問他：「先生，為什麼您每天都要來這裏，向海裏投這麼多的石頭？」雨果沉默了一會兒，然後嚴肅地說：「孩子，我扔到海裏的不是石頭，我扔掉的是『自卑』。」在此後長達十九年的流亡生活期間，雨果始終堅持對拿破崙三世

獨裁政權的鬥爭，並一直堅持寫作。一八五二年，他出版了對拿破崙三世進行辛辣嘲罵的政治小冊子《拿破崙小人》。同一年，他又寫了《一件罪行的始末》，對反革命篡權，進行了憤怒的控訴和無情的揭露。雨果許多不朽的作品，如《悲慘世界》、《笑面人》、《九三年》、《海上勞工》和《威廉‧莎士比亞》也都是在他流亡期間完成的。雨果終於沒有讓那無益的自卑奪去自己的鬥志，而是用自信戰勝了它。因而他也戰勝了逆境，成就了自己的事業。

如果你去研究、分析一般「自造機會」的人們的偉大成就，就一定可以看出，他們在奮鬥時，一定是先有一個充分信任自己能力的堅定心理，即使環境讓他們曾一度受到自卑的侵襲，但最後他們都會堅強地踢開一切可能阻撓自己的東西，使自己能勇往直前。

假使你在行止之間，都認為自己卑微渺小，處處表明你不信任自己、不尊重自己，那麼就不能怪別人不信任你、不尊重你了。蘇格拉底曾說「認識你自己」。如果能從自己的性格、能力方面來分析自己，有什麼優點，有什麼缺點，並能「誠實」地帶著勇氣反省一下，事情就不難解決了。

被世人譽為「積極思考的救星」的世界著名牧師、演說家羅曼‧V‧皮爾在《態度決定一切》裏，講了一段他和兩位精神導師的故事：在我就讀於俄亥俄州威士理安大學期間，有一段時間非常的苦惱。有一天，班安尼遜教授在課後找到了我。教授盯著我看了一陣後說：「羅曼，你有什麼問題嗎？我知道

你很用功，能完全掌握我授課的內容，可是除非我指名，你從來沒有主動發過言，就是發言也是紅著臉，結結巴巴的。你既緊張又難為情，這是為什麼呢？」

教授不讓我有解釋的機會，接著說：「我知道，你有自卑感，而你又在自己心裏繼續培養它，現在已經膨脹得令你束手無策了。你認為大家都在看著你，自以為成了眾人矚目的焦點，其實這種想法太以自我為中心了。」

教授把橡皮擦丟到桌上，橡皮擦彈了起來。

「你看這塊橡皮擦多麼了不起。它能把錯誤的地方擦掉，使紙張變得很乾淨。」

他又用力把橡皮擦往桌上一丟。

「你瞧，橡皮擦具備多好的彈性！其實你也一樣，把不該有的自卑感擦掉！全力發揮上帝賜給你的彈力！只要有信仰，一定能除去恐懼。現在你陷入了自卑之中。自卑得不敢按照自己的意志行事，但只要你願意改變，你就能改變。」

我搖晃著走出了大廳，心中百味交織，既覺得憤怒和受挫，又奇妙地感到了希望。走下長長的樓梯時，我的腳步突然停在從下面算起的第四級階梯上。當時的情形我記得很清楚。就在我踏出那一步時，我人生中最大的事件發生了。我領悟到教授說的話都是對的，更幸運的是我知道自己該怎麼做。我不知不覺這樣祈禱道：「上天啊，我看到你把壞人變成好人，也看到你讓醉鬼不喝酒，令小偷成為誠實的人，能不能把我這個受挫的可憐少年，變得和普通人一樣呢？」

　　同樣，有一天威廉・E・史邁沙教授也在課後留下我說：「羅曼，希望你能看看這兩本書。」

　　那是《馬卡斯・奧歐里斯冥想錄》和布魯斯・培利校訂的《拉爾夫・渥示德・愛默生語錄》。

　　史邁沙教授說：「讀過這兩本書後你就能理解，在思想中有信仰的強勁脈動時，人的靈魂是多麼偉大。」

　　後來我曾多次站在羅馬卡彼特留姆山，偉大的馬卡斯・奧歐里斯像旁邊，感謝他使我能建立積極思維的健全信心。

　　為了消除自卑感所做的努力，對我來說也絕非易事，不是短時間就能解決的。解除根深蒂固的問題，需要很長的時間，以及忍耐和堅定的意志。與困難的問題鬥爭，堅強的韌性是最重要的。輕易承認失敗，會成為解決問題的一大障礙。應該以積極的態度，毫無所懼地面對問題。

　　只要有想解決問題的意志和絕不放棄的堅強韌力，就必能開闢出迎向未來的坦途。

　　一個天資平庸的人如果能夠克服自身的自卑心理，那他就有可能成就自己的事業，成就那些雖然天分高、能力強卻又疑慮與膽小的人，所不敢嘗試的事業；而這種品質如果附加在一個天資極高的人身上，那他就能成就更偉大的事業，甚至成為一個偉人。

　　自卑的對立面是自信，人們常常把自信比作發揮主觀能動性的閘門、啟動聰明才智的馬達，這是很有道理的。確立自信心，就要正確地評價自己，發現自己的長處，肯定自己的能

力。

　　同時，自信並不是孤芳自賞，也不是夜郎自大，更不是得意忘形、毫無根據地自以為是和盲目樂觀；而是激勵自己奮發進取的一種心理素質，是以高昂的鬥志和充沛的幹勁，迎接生活挑戰的一種樂觀情緒，是戰勝自己、告別自卑、擺脫煩惱的一種靈丹妙藥。自信，並非意味著不費吹灰之力就能獲得成功，而是說戰略上要藐視困難，戰術上要重視困難，要從大處著眼、小處動手，腳踏實地、鍥而不捨地奮鬥拼搏，紮紮實實地做好每一件事，戰勝每一個困難，從一次次勝利和成功的喜悅中肯定自己，不斷地突破自卑的羈絆，從而創造生命的亮點，成就事業的輝煌。

用補償心理超越自卑

　　補償心理是一種心理適應機制，即一個人在適應社會的過程中總有一些偏差，而為求得到補償的心態。從心理學上看，這種補償其實就是一種「移位」，即為克服自己生理上的缺陷或心理上的自卑，而發展自己其他方面的長處、優勢，趕上或超過他人的一種心理適應機制，正是這一心理機制的作用，自卑感反而成為許多成功人士成功的動力，成了他們超越自我的

「渦輪增壓」，而「生理缺陷」愈大的人，他們的自卑感也愈強，尋求補償的願望就愈大，成就大業的本錢就愈多。

　　林肯出生在一個十分清貧的農民家庭，用他自己的話說，他的童年就是「一部簡明的貧窮編年史」，加之他面貌醜陋，言談舉止缺乏風度，所以他對自己的這些缺陷十分敏感。為了補償這些缺陷，他力求從教育方面來汲取力量，拼命自修以克服早期的知識貧乏和孤陋寡聞。他在燭光、燈光、水光前讀書，儘管眼眶越陷越深，但知識的營養卻對自身的缺陷，作了全面而有益的補償。他最終擺脫了自卑，成為美國歷史上具有傑出貢獻的總統。

　　貝多芬最重要的作品就是交響樂，而其中又以《第九交響曲》為重中之重。可是你相信嗎？《第九交響曲》是貝多芬在耳朵全聾之後寫出來的。當年，當這首交響樂在維也納演出時，貝多芬已經不能上臺指揮了，以至於演出結束後，觀眾席上爆發出的雷鳴般的掌聲他都感覺不到。他那句「人啊，你當自助」的名言，成為許多自強不息者的座右銘。

　　比利剛到巴西的桑托斯足球隊時，因為害怕球隊裏的那些大球星瞧不起自己，竟然緊張得一夜未眠，他本是綠茵球場上的健將，卻因為自卑而無端地懷疑自己。後來他設法在球場上忘掉自我，專注踢球，保持一種泰然自若的心態，從此以後便銳不可擋。比利在整個職業生涯中一共踢進了一千多個球，無愧於「球王」的稱號。

　　細細研讀一下偉人的傳記，就不難明白，他們的品格和一

生，都是由個人缺陷形成的。

亞歷山大、拿破崙和納爾遜，生來身材就十分矮小，所以立志要在軍事上獲得輝煌成就；蘇格拉底和伏爾泰，都是因為自慚奇醜，所以在思想上痛下工夫而大放光芒；德莫爾尼斯是因為幼年時有口吃的毛病，所以他面對大海、口含石子，反覆練習，立志而成為雄辯家。

強者不是天生的，強者也並非沒有軟弱的時候，強者之所以成為強者，在於他善於戰勝自己的軟弱。

從前有一個王國，王國裏的王子長的非常英俊。老國王身體慢慢不行了，想儘快讓王子來繼承王位，這對王子來說應該是一件高興的事，但他卻怎樣也高興不起來。原來王子的身體有缺陷，他是一個駝背，而且一隻腳有點跛，對於自己的這些缺陷，他感到非常自卑。他害怕登上王位以後，每天面對臣民會讓自己很難堪。國王看出了王子的擔憂，他召集大臣們共同商議，怎樣才能讓王子充滿自信地繼承王位。有一個聰明的大臣想出了一條妙計，國王聽後十分滿意。

這一天，國王對王子說：「有一位大雕塑家要來我們國家訪問，趁這個機會，讓他為我和你的母后還有你，每人雕一尊塑像吧。」王子同意了。雕像雕好了，國王的雕像神態安詳，王后的雕像充滿慈愛，而王子的雕像卻與眾不同。王子手拿一把弓箭，一隻腳踩在一塊石頭上，正彎腰用力拉著它，像是在瞄準獵物一樣。王子看了這尊雕像，受到很大的震撼。慢慢的王國的人民開始議論，說王子的背好像沒有以前那麼駝了，他

的腳也不像以前那麼跛了，這讓王子非常高興。沒過多久奇蹟出現了，王子駝背、跛腳的毛病全好了。

自卑是可以克服的，只要你有一個明確的目標，並全心貫注於你所希望的目標上，並時時加以留意，有一天你一定會看到自信的光芒正在照射著你。

人道主義者威特·波庫指出，在每個人的內心深處都有一種靈性，憑藉這一靈性，人們得以完成許多豐功偉業。這種靈性是潛在於每個人內心深處的一股力量，用以對抗外來侵犯的力量，它就是人的「尊嚴」和「人格」。人們為了維護自己的尊嚴和人格，就要求自己克服自卑，戰勝自我。因此令人難堪的種種因素，往往可以成為發展自己的跳板。一個人的真正價值，取決於能否從自我設置的陷阱裏超越出來，而真正能夠解救你的，只有你自己。即所謂「自助者天助之」。

小蝸牛問媽媽：「為什麼我們從生下來開始，就要揹負這個又硬又重的殼呢？」

媽媽說：「因為我們的身體沒有骨骼的支撐，只能爬，但又爬不快，為了不讓別的動物來傷害我們，所以就需要這個殼的保護！」

小蝸牛又問：「可是毛毛蟲姐姐沒有骨頭，也爬不快。為什麼她卻不用揹這個又硬又重的殼呢？」

媽媽說：「因為毛毛蟲姐姐能變成蝴蝶飛到天上，天空會保護它啊。」

小蝸牛接著又問：「那蚯蚓弟弟也沒有骨頭，也爬不快，

也不會變成蝴蝶，他為什麼也不用揹這個又硬又重的殼呢？」

媽媽說：「因為蚯蚓弟弟會鑽進土地裏，大地會保護它啊。」

小蝸牛哭了起來：「媽媽，我們好可憐啊，天空不保護我們，大地也不保護我們！」

蝸牛媽媽安慰它：「所以我們有自己的殼啊，這個殼就是我們的家。我們不靠天，也不靠地，我們靠自己，我們要相信自己！」

所謂自卑情結，是指一個人在面對困難時無所適從的表現，憤怒、眼淚或自責，都可能是自卑情結的表現。由於自卑感總是造成緊張，所以爭取優越感的補償動作，必然會同時出現。蝸牛媽媽把自己的殼比喻成了它們的家，讓小蝸牛知道相信自己才是最重要的。

不要懷疑自己、貶低自己，只要勇往直前，付諸行動，就一定能走向成功。久而久之，就會從緊張、恐懼、自卑等那些阻礙你前進的桎梏中解脫出來。

心理補償是一種使人轉敗為勝的機制，如果運用得當，將有助於人生境界的拓展。但應注意兩點：一是不可好高騖遠，追求不可能實現的補償目標；二是不要受賭氣情緒的驅使。

積極的心理補償，能激勵自己達到更高的人生目標。

從自卑中站起來

　　吳士宏在個人傳奇《逆風飛揚》中曾說過這樣一段話：自卑使人猶如駕著一葉小舟，孤苦無助地漂浮在漆黑的、波濤洶湧的大海上；自信則如閃爍在前方小島上的航標燈，帶給你希望，召喚你前進。一個人如果自卑，就沒有勇氣選擇奮鬥的目標；因為自卑，在事業上就不敢出人頭地；因為自卑，就失去戰勝困難的毅力；因為自卑，就得過且過，隨波逐流……因此可以毫不誇張地說，自卑就是自我埋沒、自我葬送、自我扼殺！一個人要想寫出瑰麗的人生詩篇，要想為人類做出有益的貢獻，就要擺脫自卑的困擾，樹立自信的雄心。

　　一九八五年，帶著剛取得的自學英語高級認證證書，吳士宏大膽地來到ＩＢＭ公司求職。面試時主考官問：「你知道ＩＢＭ是一家怎樣的公司嗎？」

　　「很抱歉，我不清楚。」吳士宏實話實說。

　　「那你怎麼知道你有資格來ＩＢＭ工作？」主考官問。

　　「您沒用過我，又怎能知道我沒有資格？」吳士宏反問道。

　　如此不遜的回答，出乎主考官之所料。主考官精神為之一振，不但沒生氣，反而激起了更大的興趣，於是微笑地繼續提問。

最後主考官告訴吳士宏：下週一上班！

吳士宏求職成功，源於兩大個性：誠實、自信。而這兩點，恰是美國人最欣賞的。

主考官慧眼識英雄，吳士宏以她的業績做出了奇蹟性的回報——

開始做雜務員的吳士宏，工作一年後獲培訓機會進入銷售部門，成為公司的銷售大將，因業績不斷躍升，其職位也不斷晉升，從銷售員一直攀升至ＩＢＭ中國華南分公司總經理，被人稱為「南天王」。

一九九七年，吳士宏出任ＩＢＭ中國銷售總經理；

一九九八年，吳士宏出任微軟（中國）公司的總經理；

一九九九年，吳士宏跳槽到ＴＣＬ資訊產業集團公司擔任總經理。

吳士宏從一名普通的護士，成長為ＩＴ界神秘而富有魅力的傳奇女性，正如她自己說的那樣：「如果說有什麼促使我往上走，那就是這種來自自卑的不斷刺激。當時就像不斷有鞭子抽打著我。那樣一種痛、一種觸及心底、層層包裹下的自卑和尊嚴的糾結，對我刺激的力量是如此強大，我後來花了幾年時間才克服，並超越了這種自卑。」

自卑是自信的絆腳石，超越自卑之後，才有昇華，才有了自信，才可以促使你做更多的事情。

唯有自己才能提高自己的自信，也唯有自己才能將自己貶低。有出身寒微者、有聯考落榜者、有先天疾患者、有重度殘

疾者……他們具有積極的心態，在生活中能夠不斷努力、不屈服於眼前的遭遇，嚮往更高層次的人生境界，嚮往更為舒適的生活。他們始終在困境中自敬自重，不失自我真本色。

從自卑中站起來的人，不會再畏懼挫折和失敗。從自卑中走過的人，清楚自己的所得所失。超越自卑不是沉湎其中，而是正視自身的缺陷和不足，補償缺憾，昂起頭努力去做，把心之所向當做階段性目標，為之付出，為之奮鬥，保有自尊，而且永不自滿。

給自己充分的自信，勇敢地戰勝自卑吧！

如果加以深究，自卑心理的成因是很複雜的。有的是由於生理上和智力上的缺陷；有的是由於家庭教養方式不當或缺乏家庭溫暖；有的是由於過去遺留下來的心靈創傷，或長期以來形成的壓抑感和焦慮感；有的是由於性格古怪，不易合群或經常受人嘲笑所致；有的是由於原來自視過高，受到挫折後則自暴自棄；也有的是暗暗同別人比較後，發現自己的弱點而心灰意冷、自怨自艾……

克服上述自卑心理，自然也要因人因事而異。心理學家經過多年的研究，總結出了幾條克服自卑的經驗，被實踐證明了是行之有效的方法：

(1) 正確認識自卑感的利與弊：有的人把自卑心理看做是一種有弊無利的不治之症，因而感到悲觀絕望，自暴自棄。這是一種不正確的認識，它不僅不利於自卑者的前途，反而會加重自卑心理。其實比起狂妄自大的

人，自卑者更加討人喜歡。因為自卑的人都很謙虛，善於體諒人，不會與人爭名奪利，安分隨和，善於思考，做事小心謹慎，穩妥細緻，重感情，重友誼。自卑者應當充分利用這一有利條件，增加生活的勇氣和信心。如果克服了心理上的這種障礙，將更有前途。

(2) 正確地評價自己：不僅要看到自己的短處，也要客觀地看到自己的長處；既要看到自己的不如人之處，也要看到自己的過人之處。俗話說：「比上不足，比下有餘。」誰都有缺點和不足，只要能夠想方設法克服缺點和不足就行。這樣就會增強自信心，減輕心理壓力，扔掉包袱輕裝前進。

(3) 正確地表現自己：有自卑感的人，不妨多做一些力所能及、把握較大的事情，並竭盡全力爭取成功。成功後，及時鼓勵自己：「別人能做到的事，我也做到了！」當面對某種情況感到信心不足時，可以用「豁出去」的自我暗示，來放鬆心理壓力，這反倒能夠充分發揮自己的潛力，獲得成功。

(4) 正確地補償自己：為了克服自卑感，可採取兩種積極的補償途徑：一是以勤補拙。知道自己在某些方面趕不上別人，就不要再揹思想包袱，而應以最大的決心和頑強的毅力，勤奮努力，多下工夫。二是揚長避短。有些殘疾人士雖然生理上缺陷很大，又失去了自由活動和交際的空間，似乎發展的空間極為有限，但

有志者事竟成。

(5) 要正確對待挫折：遭受挫折和打擊，這是人人難免的。但人的承受能力不同，性格外向的人過後就忘，而性格內向的人卻容易陷入其中。那麼就應當注意，凡事不要期望過高，要善於自我滿足，知足常樂。無論學習或工作，目標不要訂得太死太高，不然就容易受挫。

總之，消除自卑唯一的障礙，不是你我不能改變自己，也不是改變的困難，而是你不改變。

情緒整理術

❶ 如果能從自己的性格、能力方面來分析自己，有什麼優點、有什麼缺點，並能「誠實」地帶著勇氣反省一下，事情就不難解決了。

❷ 只要你能為自己打氣加油，認為自己能勝任某項工作，那麼只要你努力，就一定能達到目標，出色地完成任務。

❸ 心理補償是一種使人轉敗為勝的機制，如果運用得當，將有助於人生境界的拓展。

❹ 誰都有缺點和不足，只要能夠想方設法克服缺點和不足就行。這樣就會增強自信心，減輕心理壓力，扔掉包袱輕裝前進。

打掃憂慮，
切莫成為壓抑的犧牲品

瞭解憂鬱症

　　憂鬱症，也被稱為「心的感冒」，近些年，在高壓力社會中，幾乎已成為最流行的精神文明病，而世界衛生組織將其與癌症，並列為這個世紀最需要衛教預防，也最盛行的疾病之一。世界衛生組織的研究表明，平均每一百人中就有三人患有憂鬱症，其中因為憂鬱症所帶來的身體疾病，甚至自我毀滅的例子，更是比比皆是。

　　憂鬱症是一種涉及生理、心理、情緒和思想的疾病。不僅影響正常的生活，也影響人與人之間的感情和對事情的看法。憂鬱症不同於暫時性的心情沮喪，如果不進行有效的治療，症狀會持續數週、數月，乃至數年之久，其症狀包括：

(1) 感到悲傷和空虛；

(2) 對各種活動提不起勁或興趣；

(3) 感覺沒有價值或有罪惡感；

(4) 沒有食慾，體重減輕；

(5) 失眠或嗜睡；

(6) 容易疲勞；

(7) 無法集中注意力；

(8) 有死亡或自殺的念頭。

憂鬱症病例，並不一定同時符合上述的所有症狀。

　　造成憂鬱症的原因很多，如失去摯愛或遭受失敗等。但是在很多病例中，大腦顯像技術指出，憂鬱症患者負責情緒、思考、睡眠、食慾和行為調節的中樞神經迴路無法正常運作，而必要的神經傳送素（溝通神經細胞的化學元素）亦失去平衡。一般認為血清素和腎上腺素，均扮演著導致憂鬱症的關鍵角色。研究指出，這兩種化學元素都會影響一個人的情緒。

　　容易感到憂鬱的原因可能是基因引起的，與心理因素和外在環境（如失去摯愛或生活狀態的重大改變）相互影響，心臟病、中風或癌症等疾病，也可能引發憂鬱症的症狀。

　　憂鬱症並不專屬任何特定人群，並有可能發生在任何人身上，不管是什麼地區、國家或民族，都可能會有精神及行為失常的人。精神失常亦有可能出現在生命週期的任何時候，不管男女，貧富，鄉村或城市，都有可能發生。關於精神失常易出現在工業化國家，或富有的人中的觀點是錯誤的。同樣，在現代化步伐落後的農村生活中不易產生精神失常，這種說法也是不正確的。

　　世界上大約有四億人有過精神或神經失常的問題，而之中就有約一億二千萬人患有憂鬱症的問題，這些失常類疾病，被列為了世界十大殘疾病的第五名，造成了個人、家庭和政府莫大的社會經濟壓力。

　　憂鬱症的不利影響，不僅發生在患者身上，也會波及患者的家屬和朋友。嚴重的可能會讓受害者無法過正常生活，對工作、學習、飲食和睡眠造成障礙，無法享受任何一種快樂的活

動。的確，憂鬱症會讓人感覺提不起勁，根據記錄，有將近百分之十二的患者有無力感。另一方面，憂鬱症也會加重個人、家庭或整個社區的經濟負擔，部分經濟負擔是明顯的，可以被計算出來，然而有些則無法估算。可被估算出來的經濟負擔，包括健康和社會服務的需求、失業、生產力的降低、對家人及照護者的影響、不同程度的犯罪和公共安全隱患，及輕生的負面影響。

不要成為「憂慮」的犧牲品

「杞人憂天」的故事相信大家都知道，那個操心的杞國人，整天胡思亂想，不是擔心天會崩塌下來，砸扁了腦袋；就是害怕地會陷落下去，埋住了全身。他終日憂心忡忡，吃不下飯，也睡不好覺。

相信很多人會笑話那個杞國人沒事找事，瞎操心。但是在笑他的同時，我們是不是應該平心靜氣地檢討一下自己：我們是不是也有過類似的憂慮呢？

美國著名成功學大師卡內基，曾講過自己小時候的經歷：「我小的時候心中充滿了憂慮。我擔心會被壞人活埋、怕某天被閃電擊死，還怕死後會進地獄，還怕一個叫詹姆·懷特的大

男孩會割下我的耳朵——他曾經這樣威脅過我，我還擔憂我以後不能娶到一個自己喜歡的女孩……那時候，我每天常常花幾個小時去擔心這些『驚天動地』的『大問題』發生，可是日子一天天過去了，我發現我所擔心的那些事情中，百分之九十以上根本就沒有發生，我當時花這麼多心思去想這些事情，實在是太蠢了。」

你是不是也曾擔心過自己上臺演講時不小心摔倒；擔心體育課上被球砸破腦袋；擔心哪天坐火車時車會出軌……可是想想看，這些事情發生的機率幾乎接近於零，那我們為這種事憂慮，豈不顯得太荒謬了。還有的時候你擔心明天的考試考不好；辯論賽上會失利；某個同學可能會和你打一架等。但是這些事情不管你怎麼想來想去，花費多少心思和力量，結果是該發生的總還是會不可避免地發生。這樣做，除了加大你的心理負擔以外，不會起到任何的作用，它只會讓你筋疲力盡，白天沒有心思好好學習，晚上輾轉反側睡不著。

某心理學家對喜歡為未來憂慮的人，下了這樣的結論：在很多時候，煩惱都是人們自己找來的，為未來的事擔憂的人是最笨的人。而那些能夠克制住憂慮的人，往往是生活的強者。

一位癌症患者講述了自己的親身經歷：

「幾年前我被宣判死刑——罹患癌症，就連醫學最高權威之一梅佑兄弟的判定也是如此。我惶然無助，死亡正在一步步逼近。我還年輕，應是前景無限，因此不甘心這樣早逝，絕望中我瘋狂地打電話給我的主治醫師，告訴他我無力承受這種絕

望。醫師帶著嚴厲的語氣責備我：『什麼事呀！我的朋友，你已經沒有奮鬥的能力了嗎？你這樣一味地哭，是只有戰敗的了。誠然，這是個很糟的狀況，但正因為如此，你更要堅強面對現實。別再讓憂慮折騰你，努力去克服才是。』聽了醫師的話之後，我馬上非常鄭重地發了誓言：『我絕不再憂慮，沒什麼值得哭的，我要戰鬥，我要活下去！』後來病情惡化到了無法用放射療法來治療的地步。我已被折磨得皮包骨頭，兩腳鉛一般重，但是我絕不呻吟、哭泣，而堅持以微笑迎人，因為我總勉強讓自己微笑。」

「我當然不至於天真到認為笑臉就可以治好癌症，但我相信能鼓舞自己的朝氣，增強自己的活力，有助於和病魔對抗。確實我也親身體驗了一段奇蹟。數年來，我一直很健康。感謝醫生給我的那番話：『面對現實，停止憂慮，努力去克服。』」

「面對現實，停止憂慮，努力去克服」，這是一條讓人振奮的法則，請記住，當你面對憂慮束手無策的時候，你的生命就可能成為它的犧牲品；而當你堅強地對憂慮說「不」的時候，你的生命也會因此而獲得一種改變現實的力量。有些青少年朋友會說：難道想一想未來，有什麼不對嗎？

為未來打算當然是對的，古訓就有「未雨綢繆」一說，所謂「未雨綢繆」，就是指在還沒有下雨時，先將窗戶關好，比喻做事情想得週到，為有可能要發生的事情，提前做好防範措施。這也正是我們對未來應有的態度，但這絕不是讓你去做無

謂的擔憂和發愁。

如果明天要考試了，那麼今天你要做的是複習好功課，為明天的考試做好準備，而不是在屋裏轉來轉去，心神不寧地擔心明天會不會考不及格。

如果下週你要參加長跑比賽，那麼從今天起你最好每天練習跑步，並逐漸增加每次的距離，而不是提心吊膽地怕比賽那天跑不完或突然暈倒。

如果你打算一年後當上校園作家，那麼從現在起你最好開始積累素材，多看文學作品，而不是設想自己作文比賽萬一沒有名次，怎麼面對對你抱有期望的老師和家長。

如果你經常性地憂慮，不信任一切，就會被恐懼控制，久而久之，你會養成習慣，憂慮則變成了一種惡勢力。這樣不僅僅會打擊你的士氣，還會把你變成一個無用的人，甚至奪走你的快樂。因此各位朋友們要注意了，要把精力放在為未來做準備上，而絕不要浪費在無謂的憂慮上。

你可以這樣做：

(1) 從心理上認識到憂慮沒有意義。某心理學教師曾做了一個關於煩惱的實驗。他讓學生們把接下來一週內將會出現的煩惱寫下來交給他。一週後，老師將這些條子又還給了學生，讓他們自己逐一核對。多數學生都發現竟有百分之九十的煩惱根本就沒有發生，而那剩下的百分之十呢？僅有不到三分之一成了他們真正的煩惱，而大多數他們已經自己解決了，有的問題他們

自己則有信心和能力應付。如果你現在的憂慮很多，不妨也試試這種方法，當你發現那些擔心完全是自己沒事找事時，就會意識到憂慮是沒有意義的。

(2) 做「那又怎麼樣」的練習。當你感覺到不停地憂慮時，試著改變對自己提問的方式：把「如果……怎麼辦」改成「如果……那又怎麼樣」。比如把「如果同學們都不選我當班長，怎麼辦？」變成「如果他們不選我當班長，那又能怎麼樣？」、「不會怎麼樣，和所有不是班長的人一樣照常生活。」通過這種方式，我們便可以真正地放鬆身心，不會把那些本來簡單又無關緊要的事，人為地變得複雜和嚴重。避免讓那些不必要的憂慮，浪費我們的時間，而將精力集中到真正需要籌備的事情上來。

將憂鬱病毒排出體外

生活中，我們隨處都能看到一張張憂鬱、愁眉緊鎖、快樂不起來的面孔，一副副憤憤不平的表情，這大概是因為現代社會生活節奏太快，人們承受著學習、工作壓力過大的原因，導致種種不良的情緒開始在人群中蔓延。焦慮、恐慌、抑鬱、憤

懣這些心理病毒，嚴重影響著人們的身心健康。這些負面的心理狀態，很容易讓人進入惡性循環的怪圈，就像要及時更新電腦防毒軟體一樣，你也需要學會辨識並消除心理病毒的技巧，否則種種病毒作用的時間太長，嚴重的話就會打亂日常生活和工作，甚至還會妨礙一個人正常地認識現實，使自己或別人處於危險之中。事實上，這些掠奪我們幸福、阻礙我們前行腳步的敵人根本不存在，這些敵人，僅僅是我們內心的一種不和諧。

心理病毒發作的特徵是使人易怒、易煩惱，不能自我控制這種情緒；對日常活動失去興趣；精力明顯降低，容易感到疲乏；飲食與睡眠不好，或過多或過少；心境極不平靜，甚至時常莫名地哭泣，沮喪、悲傷，躁動或呆滯；對自己評價過低，對未來感到悲觀；喜歡回憶過去，總是沉浸在痛苦消極的記憶中；逃避與他人交往，有時容易被激怒；自責、自貶、無價值感和罪惡感，甚至會反覆出現死亡或自殺的意念。

你經常有以上的感覺嗎？如果有，那說明你的心理病毒又發作了。正確認識這些不良情緒，是很有必要的。

社會學家調查發現，經濟原因、工作原因，是導致人們焦慮心理產生的最主要因素。

一個被調查的貧困學生說：「我對許多需要花錢的事情都充滿憂慮，我擔心自己生病，因為沒有錢醫治；擔心自己賺不到足夠的錢娶不到老婆；我總是沒錢買一件像樣的衣服，總是一副窮酸相，我常常為錢而發愁、憂鬱、煩躁，有時還會暗自

哭泣。」

一名外資企業的主管說：「在別人眼裏，我是一個十足的女強人——白領高薪，住高級住宅，人人都羨慕我。可是我自己卻不滿足，不快樂。唯恐自己一不小心就地位不保，為了鞏固自己的地位，我不得不自己掏錢去上各種課程充電，還要主動犧牲假日去加班，我沒有時間做工作以外的事，難道生活就應該是這樣的？我看不到希望。」

除了這兩種主要原因，其他心理因素也是病毒發作的原因，主要表現在：

有的人總會感到自卑，認為自己的表現不夠出色，總覺得低人一等，處處不如人。

有些人爭強好勝，總擔心其他人對自己造成威脅，由此產生的抑鬱情緒很容易影響生活，從而導致失眠、焦慮、緊張等。

有的人做事急於求成。一旦不能立竿見影，就會著急上火，氣急敗壞，總是在還沒等到結果的時候，就自己先打「退堂鼓」了。

有的人責任感過強，凡是做不好的事情都認為是自己的責任，自己實在是太笨了。其實一個問題的解決，一件事情的辦成，需要多方面的條件，並不是你一人之力就可以成功的。

有些習慣於負面思維的人，一般都是自我挫敗，自我設限，從而感到鬱悶、焦慮。

有的人總是不喜歡接受現實，總是認為自己的付出必須與

回報相等，否則就要憤憤不平地埋怨這、抱怨那，使自己陷入極度的難過中。

有的人具有完美主義，經常「吹毛求疵」，喜歡在雞蛋裏挑骨頭，要求自己做的每一件事都完美無缺。但世界上的事本來就很難有完美，因此他們常常都是憂心忡忡，焦慮感很強烈，總覺得渾身不對勁，甚至焦躁不安。

引起不良情緒的原因很多。可以說心理病毒讓我們與自己的靈感、熱情、健康，及真實的內在聲音隔離，但只要是人，並具備任何一種生活經驗，心理病毒就會存在。專家提示，要重視這種情緒，避免其得到極大的蔓延，以引起不必要的傷害。美國哈佛大學某精神病學專家，曾經對兩百名大學生的心理健康狀況，進行了將近十年的追蹤研究，他的結論是：能夠應付日常緊張事務的人健康長壽，而常常處於緊張狀態、精神壓力很大的人，很容易衰老。因此在日常生活中，防止精神緊張、焦慮、憂鬱是很重要的。《沉默的聲音：提升心態，追求成功與內在平靜》一書的作者、美國的態度轉變管理專家Soeresh Gobardhan博士曾說過：「得到成功與內在平靜的秘訣，在於聆聽你的內心的聲音，必須先小心辨識你的心理病毒。」也就是說心理掃毒要先正視其產生的原因。緊張和壓力就是它最喜歡的食物，心理病毒在我們的精神和靈魂深處快速發展，引發焦慮、恐慌和憤怒。這些對我們來說簡直就是一場災難，如何更好地避免抑鬱情緒，或儘快地讓它過去，讓自己的生活再次充滿朝氣、充滿笑聲呢？他建議人們可以選擇不同

的克服方法來克服這些心理病毒。

比如可以通過渡假、釣魚等休閒活動，來減壓、放鬆自己。

積極的體育活動能使人意志堅強，內心充實，使人外向開朗，身體健康。愛好體育的人很少會有抑鬱的。

學會覺察和控制自己的情緒。我們的大腦猶如照相機，會「拍下」每天的生活片段，你可以將焦點都集中在一些美好的事物上，負面情緒一出現，就馬上提醒自己轉念，可大大降低心理病毒對我們的作用。在交友方面，最好多和那些精力旺盛、內心充滿希望的人做朋友，而少與悲天憫人的人來往，這樣就能有效地預防不良情緒的產生。

尋求能讓你樂在其中的業餘活動，用積極的行動來扭轉低落的情緒。欣賞音樂、烹飪、陪孩子玩耍、在林中或海灘上散步、看一部好電影、讀一本引人入勝的好書，都能有助於解除你心裏的不良情緒。

除了以上這些方法之外，對付心理病毒還有很多方法，但關鍵是你必須堅信，你是註定要過和諧、安逸的生活的；安逸舒適的生活，是你與生俱來就有的權利；你的人生道路上應該充滿歡聲笑語。

你不能讓病毒侵蝕到你的內心，將你完全控制，學學電影導演羅威爾‧湯瑪斯的方法吧。在他準備拍攝一部在印度和阿富汗生活的紀錄片時，他破產了，要靠朋友的接濟才能維持生活，但他並不因此感到憂慮。因為他深深懂得，自己不能因厄

運而垂頭喪氣，否則自己就變得一文不值了。他為了讓自己更精神，每天早上出門時，總是要買一朵花，插在衣襟上，然後昂首挺胸地走上牛津街。他的頭腦中充滿了希望和無數勇敢的思想，對他而言，挫折不過是人生的一個組成部分——是攀登高峰必須經歷的有益的訓練。

　　這種十分簡單的辦法，真的那麼有效嗎？你不妨也試一試，臉上保持自信的笑容，挺起胸膛，深深地呼吸一大口新鮮的空氣，心裏默唱一段小曲，或是吹吹口哨……這樣的排毒訓練，很快就能讓你重新獲得積極、平靜的心境了，就像威廉・詹姆斯所說：「當你的行動顯出你快樂時，你就不可能再憂慮和頹喪下去了。」

　　你發現自己心裏那些總是在作怪的病毒了嗎？趕快將那些怨天尤人、多愁善感、鬱鬱寡歡、緊張、焦慮、恐慌、抑鬱、憤懣的病毒清除出體外，用樂觀的思想、積極的自我暗示鼓勵自己，加入到能使你感到愉悅的活動計畫中，讓自己真正快樂起來吧。

情緒整理術

❶ 當你感覺到不停地憂慮時，試著改變對自己提問的方式：把「如果……怎麼辦」改成「如果……那又怎麼樣」。

❷ 臉上保持自信的笑容，挺起胸膛，深深地呼吸一大口新鮮的空氣，心裏默唱一段小曲，或是吹吹口哨……這樣的排毒訓練，很快就能讓你重新獲得積極、平靜的心境了。

❸ 可以在心裏默念一些安靜、平和的字句，比如將「寧靜」、「沉著」、「緩緩」、「消消」、「慢慢」等詞，輕輕地重覆念出，並想像與之相應的音樂節奏，讓心情平靜，再以理智的心態去面對麻煩。

❹ 在人生路上，我們只是別人眼中的一道風景，對於某次失敗、某次尷尬，完全可以一笑了之，不要過多地糾纏於失落的情緒中，你的哭泣和解釋，只能提醒人們重新注意到你曾經的無能。

積極調理，
學會自己掌控情緒

認識你的情緒

情緒是對生理性的需要是否得到滿足，而產生的態度體驗。情緒就是情感，是與身體各部位的變化有關的身體狀態，是明顯而細微的行為。情緒的種類很多，一般分為六類：

第一類：原始的基本情緒，具有高度的緊張性。它們是快樂、憤怒、恐懼和悲哀。

第二類：感覺情緒。它們是疼痛、厭惡、輕快。

第三類：自我評價情緒。主要取決於一個人對自己的行為，與各種行為標準的關係的知覺。它們是成功感與失敗感、驕傲與羞恥、內疚與悔恨。

第四類：戀他情緒。這類情緒常常凝結成為持久的情緒傾向或態度，它們主要是愛與恨。

第五類：欣賞情緒。它們是驚奇、敬畏、美感和幽默。

第六類：心境情緒。這是比較持久的情緒狀態。

在成功的路上，最大的敵人其實並不是缺少機會，或是資歷淺薄；成功的最大敵人是缺乏對自己情緒的控制。憤怒時，不能遏制怒火，使周圍的合作者望而卻步；消沉時，放縱自己的萎靡，把許多稍縱即逝的機會白白浪費。

在生活中，我們感覺周圍的事物，形成我們的觀念，做出我們的評價以及相應的判斷、決策等，無一不是通過我們的心

理世界來進行，只要是經由主觀的心理世界來認識和體察事物，我們就不可避免會使我們對事物的認識和判斷產生偏差，受到非理性因素的干擾和影響。影響我們認知的準確性的因素很多，如知識、經驗的侷限；認知觀念的偏差；感官的限制等。其中影響最大因素的是情緒的介入和干擾。

生活中常見的非理性因素如下：

01 嫉妒

嫉妒使人心中充滿惡意、傷害。如果一個人在生活中產生了嫉妒情緒，那麼他就從此生活在陰暗的角落裏，不能在陽光下光明磊落地說和做，而是面對別人的成功或優勢咬牙切齒，恨得心痛。嫉妒的人首先傷害的是自己，因為他把時間、精力和生命，不是放在人生的積極進取上，而是日復一日的蹉跎之中。嫉妒同時也會使人變得消沉，或是充滿仇恨；如果一個人心中變得消沉或是充滿仇恨，那麼他距離成功也就越來越遙遠。

02 憤怒

憤怒使人失去理智思考的機會。許多場合因為不可抑制的憤怒，使人失去了解決問題和衝突的良好機會，而且一時衝動的憤怒，可能意味著事過之後付出高昂代價去彌補；在實際生活中，憤怒導致的損失，往往可能是無法彌補的。你可能從此失去一個好朋友，失去一批客戶；你可能從此在老闆眼裏的形

象受到損害，別人也從此開始對你的合作產生疑慮。

憤怒時最壞的後果是人在憤怒的情緒支配下，往往不顧及別人的尊嚴，並且嚴重地傷害了別人的面子。損害他人的物質利益也許並不是太嚴重的問題，而損害他人的感情和自尊，卻無異於自絕後路、自挖陷阱。如果你心中的夢想是渴求成功，那麼憤怒是一個不受歡迎的敵人，應該徹底把它從你的生活中趕走。

03 恐懼

過分的擔憂可能導致產生恐懼，而恐懼使人學會逃避、躲藏，而不是迎接挑戰，不畏困難。對某些事物產生恐懼情緒，可能來自於缺乏自信或自卑。

一次失敗的經歷或尷尬的遭遇，都可能使一個人變得恐懼。比如經歷過一次在公眾面前語無倫次的演講，可能使他從此恐懼演講。這無疑使他在生活中憑空少了許多機會，本來可以通過一番演說和遊說來獲得的成功機會，將從手指縫裏溜走。恐懼的泛化還能導致焦慮，焦慮的情緒甚至比恐懼還要糟糕。

產生恐懼情緒而不想方設法加以控制和克服，這樣的情形相當於默認自己是個怯懦的失敗者；成功的路途上小小的失敗就令他望而卻步，駐足不前，那麼成功後可能面臨的更大的挑戰，他又如何能應付呢？

04 抑鬱

成功路途中最可怕的敵人是抑鬱。如果說別的消極情緒是成功路上的障礙，使成功之路變得漫長和艱險，那麼抑鬱根本就是成功路上的南轅北轍。

克服別的情緒問題，可能只是個修養和技巧的問題，克服抑鬱卻相當於一項龐大的工程，它需要徹底改變你的生性。從認知、態度到性格、觀念。

一個追求成功的人如果染上抑鬱，那麼既有的成功也會離他而去。因為成功帶給他的不是喜悅，不能使他興奮起來，他沉浸在自己的瑣碎體驗裏不能自拔。抑鬱者彷彿是一隻隨時馱著殼的蝸牛，只是束縛它的硬殼是無形的。

抑鬱者宛若置身於一個孤獨的城堡，自己出不來，別人也進不去。著名文學家、也是抑鬱者的卡夫卡，曾這樣形容他抑鬱的體驗：「在我的周圍圍著兩圈士兵，手執長矛。裏面的一圈士兵向著我，矛尖指著我；外面的一圈士兵向著外面，矛尖指著外面。他們這樣密不透風地圍著我，使我出不去，外面的人也進不來。」

05 緊張

適度的緊張使我們能集中精力，不致分神。但緊張過度，卻會使我們長期的準備工作付諸東流。本來設想和規劃得很好的語言和手勢，一緊張便會忘得一乾二淨。過分的緊張使人變得幼稚可笑，臉色發白，或脹得通紅，雙手和嘴唇顫抖不已，

頭上冒著冷汗，心跳劇烈，甚至感到心悸，呼吸急促，語言支離破碎。這樣的情形使我們宛若一個撒謊的幼童。緊張可能僅僅是因為缺乏經驗，準備不足。

　　一個成功者，他也許一直都有些緊張的情緒；但之所以成功，是因為他已經學會了如何控制緊張。歷史上最著名的美國前總統林肯，當眾演講時始終有些緊張，可是他知道如何控制和巧妙地掩飾過去，不讓台下的聽眾看出來。

06 狂躁

　　狂躁容易給人以一種假象，這種人看起來彷彿精力很充沛，說話和做事都那麼有感染力，顯得咄咄逼人。初次接觸狂躁者時，許多人都會產生錯誤的感覺，以為他們是多麼的具有活力和使人感動呀。可是隨著時間的推移和瞭解的加深，你就會發現狂躁其實不過是一張白紙。他們的談話沒有深度，他們行事缺乏條理和計劃性，他們說過的話轉眼就會忘記，交給他們的任務也不會受到認真對待。狂躁的情緒容易使人陶醉，因為狂躁者的自我感覺好極了。他們會顯得雄心勃勃，似乎要追隨后羿去把最後一顆太陽也射下來。可是世界上沒有狂躁者也能取得成功的例子，因為狂躁和抑鬱，其實是兩個極端的情緒：狂躁是極度興奮，而抑鬱是極度抑制。

07 猜疑

　　猜疑是人際關係的腐蝕劑，它可以使觸手可及的成功機會

毀於一旦。莎士比亞在他那齣著名的悲劇《奧賽羅》裏面，十分生動而深刻地刻畫了猜疑對成功的腐蝕。愛情因為猜疑而變得隔閡，合作因猜疑而不歡而散，事業因猜疑而分崩離析，猜疑的原因是缺乏溝通。

許多猜疑最終都證明是誤會。如果相互之間的溝通順暢，那麼猜疑的黴菌就無處生長。對成功路上艱難跋涉的追求者來說，猜疑將是一個隨時可能吞沒他們整個宏偉事業的陷阱。因為他們的猜疑可能隨時被別人利用，而蒙在鼓裏的他們還渾然不覺。其實只要細加分析，就不難發現猜疑是多麼的沒有道理和破綻百出。

猜疑的另一個原因是對自己的控制能力缺乏足夠的自信。為什麼會猜疑？因為擔心自己的利益受到損害，而這種擔心，顯然是由於對自己控制局面的能力信心不足而造成的。

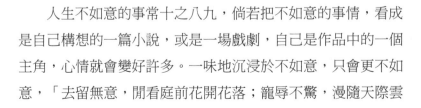

凡事都往好處想

人生不如意的事常十之八九，倘若把不如意的事情，看成是自己構想的一篇小說，或是一場戲劇，自己是作品中的一個主角，心情就會變好許多。一味地沉浸於不如意，只會更不如意，「去留無意，閒看庭前花開花落；寵辱不驚，漫隨天際雲

捲雲舒。」既然悲觀於事無補，為何我們不選擇做個樂觀主義者呢？那樣你就會看到「青草池邊處處花」、「百鳥枝頭唱春山」，而不是「黃梅時節家家雨」、「風過芭蕉雨滴殘」。

兩個工程師合作承擔了一項研究，在即將完成時，他們做了一次試驗，結果出乎意外地失敗了，他們從中發現了一些以前未曾預見的問題。

面對挫折，其中一個工程師陷入了深深的自責之中，甚至懷疑自己是否還有完成這項研究的能力，而另一位工程師卻為此感到欣慰：幸好是在研究完成前發現了問題，這樣可以在這個研究投入實際運作時，避免許多錯誤。於是他再次投入到了研究中，最終完成了它。

毫無疑問，只有積極的心態，才能使你迎戰突如其來的挫折，不被挫折所擊垮。也只有這樣，你才能從挫折中獲取有益的經驗和教訓，繼續走上成功的道路。

馬歇爾・霍爾醫生曾對自己的病人說過：「樂觀的態度是你最好的藥。」

所羅門也曾說：「樂觀的心態就是最強勁的興奮劑。」

成大事者都會選擇樂觀的生活態度。選擇了樂觀的生活態度，你就選擇了量力而行的睿智和遠見，就學會了審時度勢、揚長避短，就學會了把握時機。

有個大臣因智慧超群而深受國王寵幸，他有一個不同尋常的特點：對待任何事情，他都保持積極樂觀的想法。也正是由於這種態度，他為國王解決了不少難題，因而深受國王的器

重。

　　國王喜歡打獵，但在一次圍捕獵物的時候，不慎弄斷了一截手指。國王疼痛之餘，馬上叫來了智慧大臣，徵詢他對意外斷指的看法。智慧大臣卻輕鬆自在地對國王說，這是一件好事，並勸國王不要為此事而煩惱。

　　國王聽了很生氣，認為智慧大臣是在取笑他，即命侍衛將他關進監獄。

　　待斷指傷口癒合之後，國王又興致勃勃地忙著四處打獵。不幸的事終於發生了，他帶隊誤闖入鄰國國境，被埋伏在叢林中的野人捉住了。

　　按照野人的慣例，必須將活捉的這隊人馬的首領，敬獻給他們的神，於是便將國王押上祭壇。正當祭奠儀式要開始時，主持的巫師突然驚叫起來。原來巫師發現國王斷了一截手指，而按他們部族的律例，獻祭不完整的祭品給天神，是要遭天譴的。野人趕忙將國王押下祭壇，把他驅逐出了國境，另外抓了一位大臣獻祭。國王狼狼地逃回國，慶幸大難不死。忽然他想起智慧大臣說斷指也許是一件好事，便馬上將他從牢中釋放出來，並當面向他道歉。

　　智慧大臣和往常一樣，仍然保持著積極樂觀的態度，笑著原諒了國王，並說這一切都是好事。

　　「說我斷指是好事，現在我能接受；但如果說因我誤會你，而把你關在牢中，讓你受苦，你認為這也是好事嗎？」國王不服氣地質問。

「臣在牢獄中，當然是好事。陛下不妨想想，我若不是被關在牢中，那陪陛下外出打獵的大臣會是誰呢？」智慧大臣笑著回答。

有一位虔誠的作家在被人問到該如何抵抗誘惑時，他回答說：「首先，要有樂觀的態度；其次，要有樂觀的態度，最後，還是要有樂觀的態度。」

與樂觀態度相對的是悲觀態度，它們都是人類典型的，也是最基本的兩種態度傾向，它們影響著我們的生活方式。美國醫生做過這樣一個實驗：他們讓患者服用安慰劑。安慰劑呈粉狀，是用水和糖加上某種色素配製的。當患者相信藥力，就是說，當他們對安慰劑的效力持樂觀態度時，治療效果就顯著。如果醫生自己也確信這個處方，療效就更為顯著了，這一點已用實驗得到了證實，悲觀態度是由精神引起而又會影響到組織器官。所以在極端的情況下，極度悲觀會導致死亡。一位樂觀主義者卻總是假設自己是成功的，就是說他在行動之前，已經確定了百分之八十五的成功把握。而悲觀主義者在行動之前，卻已經確認自己是無可挽救的。

從眾多的傳記中我們可以瞭解到，古往今來，那些天賦異稟的偉人們，大多都具有樂觀的生活態度──他們不為名利、金錢或權勢所動──在平靜中享受生活的樂趣，迸發著自己的激情，例如荷馬、賀拉斯、維吉爾、蒙田、莎士比亞以及賽凡提斯等，他們的作品，都很好地反應出這一點。在他們經久不衰的著作中，充分表現出了那種對平靜和樂觀的追求。樂觀向

上的人物不勝枚舉，我們在這裏要提到的還有路德、莫爾、培根、達·文西、拉菲爾以及麥克爾·安吉洛等。他們之所以快樂，是因為把畢生的精力都投入到了為之奮鬥的事業中，並享受著工作的樂趣——用他們的博學，不斷地創造美好的生活。

人世間，並非無煩惱就快樂，也並非快樂就沒有煩惱。那麼我們如何一生都保持愉快的生活呢？心理學家給了我們一些建議：

承認自己的弱點。人無完人，金無足赤，要承認自己的弱點，樂意接受別人的建議、忠告，並有勇氣承認自己需要幫助。

吸取失敗的教訓。面對失敗和挫折應該從中吸取教訓，勇往直前。

富於正義感。在生活中誠實和富有正義感，朋友們就會樂於幫助你。

能屈能伸。對待人生的態度應該是處之泰然，人的一生會遇到意想不到的打擊或其他不幸，要客觀對待、隨遇而安。

熱於助人。幫助別人，與人關係融洽，自然就會受人尊敬，而自己也會因此而獲得快樂。

原諒寬恕他人。自己受到不平等待遇時，學會寬恕和同情他人。

堅守信念。無論做任何事情時，都必須堅守個人的信念。

保持心境開朗。任何時候都不要「閉關鎖國」。

學會控制情緒

人是動物界中唯一有意識的成員，只有人才能通過有意識心理，自覺地從內部控制情緒，而不是受外界的影響被迫去這樣做。

只有人才具有能慎重地改變情緒反應的習慣。你愈是文明、有修養、有教養，你就愈能控制好自己的情緒和感情。

把行動和理智結合起來，從而就可控制住情緒。例如當你證明了某種恐懼是不恰當的或有害時，你就能消除這種恐懼。

雖然你的情緒不一定總是能立即受理智的支配，但它能立即受行為的支配。因為你能用理智確定不必要的消極情緒，從而激勵你行動起來，用積極的感情代替恐懼。

要做到這一點，一個有效的方法是使用自我暗示，也就是使用自我命令，說出一句能表達你想要成為什麼樣人的話。這樣，如果你懷有恐懼，而又想成為一個勇敢的人，你就可發出自我命令：「要勇敢！」並且迅速地重覆幾次，接著付諸行動。要成為勇敢的人，就要勇敢地行動。

你是否讀過《佛蘭克林自傳》，或者讀過貝特吉的《我怎樣在銷售中從失敗走向成功》？如果你沒有，我建議你最好讀一讀這兩本書。因為這兩本書包含著一個成功公式。

佛蘭克林在自傳裏表明他力圖幫助他自己。他寫道：我的

目的是養成所有這些美德的習慣，我認為最好還是不要立刻全面地去嘗試，以致分散注意力，最好還是在一個時期內集中精力，掌握其中的一種美德。當我掌握了那種美德以後，接著就開始注意另外一種，這樣下去，直到我掌握了十三種為止。因為先獲得的一些美德，可以便利其他美德的培養，所以我就按照這個主張，把它們有序地排列起來。佛蘭克林所列舉的十三種品德，以及他給每種品德所注的箴言（自我暗示）如下：

(1) 節制。食不過飽，飲酒不醉；

(2) 寡言。言必於人於己有益，避免無益的聊天；

(3) 生活秩序。每一樣東西應有一定的放置地方，每件日常事務，當有一定的時間去做；

(4) 決心。當做必做，決心要做的事應堅持不懈；

(5) 儉樸。用錢必須於人或於己有益。換言之，切戒浪費；

(6) 勤勉。不浪費時間，每時每刻做有用的事，戒掉一切不必要的行動；

(7) 誠懇。不欺騙人，思想要純潔公正，說話也要如此；

(8) 公正。不做損人利己的事，不要忘記履行對人有益，而又是你應盡的義務；

(9) 適度，避免極端。人若給你應得的處罰，你當容忍之；

(10) 清潔。身體、衣服和住所力求清潔；

(11) 鎮靜。勿因小事或普通不可避免的事而驚慌失措；

⑿ 貞節。除了為了健康或生育後代,不常行房事,切戒
房事過度,以免傷害身體或損害你自己或他人的安寧
及名譽;

⒀ 謙虛。仿效耶穌和蘇格拉底。

佛蘭克林進一步寫道:接著按照畢達哥拉斯在他的《金詩篇》裏所提出的意見,我認為每日必須檢查,因此我想出下面的方法來進行考查:

我做了一個小冊子,把每一種美德分配到一頁。每一頁用紅墨水劃成七行,一星期的每一天佔一行,每一行上註明代表星期幾的一個字母。我用紅線把這些直線劃成十三條橫格。在每一橫格的頭上註明每一美德的第一個字母,在這橫格的適當直行中,我可以記上一個小小的黑點,代表在檢查當天該項美德時所發現的過失。

要想與眾不同,是否有某種特別的步驟?不錯,是有一個特別的方法。我把它叫做:「自制的七個C」:

(1) 控制自己的時間(Clock)

時間雖不斷流逝,但也可以任人支配。你可以選擇時間來工作、遊戲、休息、煩惱。雖然客觀的環境不一定能任人掌握,但人卻可以自己制訂長期的計畫。當我們能控制時間時,就能改變自己的一切。讓自己每天的生活過得充實無隙,今日事今日畢。時間就是生命,把握時間,就是掌握生命。

(2) 控制思想(Concept)

我們可以控制自己的思想與想像性的創造。必須記住：幻想在經過刺激之後將會實現。

(3) 控制接觸的對象（Contacts）

我們無法選擇共同工作或一起相處的全部對象，但是我們可以選擇共渡最多時間的同伴，也可以認識新朋友，找出成功的楷模，向他們學習。

(4) 控制溝通的方式（Communication）

我們可以控制說話的內容和方式。記住們談話的時候，是學不到任何東西的，因此溝通方式最主要的就是聆聽、觀察以及吸收。當我們（你和我）溝通時，我們要用資訊來使聆聽者獲得一些價值，並彼此瞭解。

(5) 控制承諾（Commitments）

我們選擇最有效果的思想、交往對象與溝通方式。我們有責任使它們成為一種契約式的承諾，訂下次序與期限。我們按部就班，平穩地實現自己的承諾。

(6) 控制目標（Causes）

有了自己的思想、交往對象以及承諾之後，就可以訂下生活中的長期目標，而這個目標也就成為我們的理想。你和我都有極高的理想，以及生活的一項計畫，這就給了我們信心與勇氣。

(7) 控制憂慮（Concern）

一般人最關心的莫過於如何創造一個喜悅的人生。多數人

對於會威脅自己價值觀的事，都會有情感上的反應。

　　大家都知道，在人的一生中，種瓜得瓜，種豆得豆。人們必須為自己的行為負責。在漫長的人生旅途中，我們必須面對各種困難，從事具有挑戰性的工作。自我的滿足感是在不斷的努力中獲得的。人生的真正報酬，決定於貢獻的質與量。不論長期或短期，我們因自己所播的種子而得到收穫。

　　如同我們的職業，必須先提供勞務，才能談論薪資和各種福利事項。

情緒整理術

❶ 生活是一面鏡子，你對它笑，它就對你笑，你對它哭，它就對你哭。

❷ 幫助別人，與人關係融洽，自然就會受人尊敬，而自己也會因此而獲得快樂。

❸ 人都有自己的優點，肯定自己的優點，是自我生活在一定環境中最充足的理由，和最充分的優勢。

❹ 倘若人們在生活中擁有一種積極向上的從容心態，那麼失敗與挫折，也就不會顯得那麼沉重和壓抑了。

國家圖書館出版品預行編目資料

超級情緒整理術／林文杰編著. -- 修訂一版. -- 臺北市：菁品文
化事業有限公司, 2023. 05
　　面；　　公分. --（新知識；114）

　　ISBN 978-986-06029-6-8（平裝）

　　1. CST: 情緒管理　　2. CST: 生活指導

176.52　　　　　　　　　　　　　　　　　　112001558

新知識系列 114
超級情緒整理術（暢銷修訂版）

編　　　著　林文杰
發 行 人　李木連
執 行 企 劃　林建成
封 面 設 計　上承工作室
設 計 編 排　菩薩蠻電腦科技有限公司
印　　　刷　博客斯彩藝有限公司
出 版 者　菁品文化事業有限公司
　　　　　　地址／114012 台北市內湖區環山路2段109巷8弄21號5樓
　　　　　　電話／02-22235029　傳真／02-87911367
郵 政 劃 撥　19957041　戶名：菁品文化事業有限公司
總 經 銷　創智文化有限公司
　　　　　　地址／236658新北市土城區忠承路89號6樓（永寧科技園區）
　　　　　　電話／02-22683489　傳真／02-22696560
版　　　次　2023年5月修訂一版
定　　　價　新台幣320元　　（缺頁或破損的書，請寄回更換）

ISBN　978-986-06029-6-8
版權所有‧翻印必究　　　　　（Printed in Taiwan）
本書 CVS 通路由美璟文化有限公司提供　02-27239968